Le Potager de ma Grand-Mère

Saveurs de légumes oubliés

« À notre fils, Clément, à qui nous avons emprunté
la terre de ses ancêtres… »

À Isabelle qui, dans notre « Musée gourmand », sait si bien faire partager
aux grands comme aux plus petits le goût de la nature.

Connectez-vous sur :
www.lamartiniere.fr

Le Potager de ma Grand-Mère

Bernard Lafon

Recettes Isabelle Lafon

Photographies Vincent Thibert
Illustrations Régis Mac

Aubanel

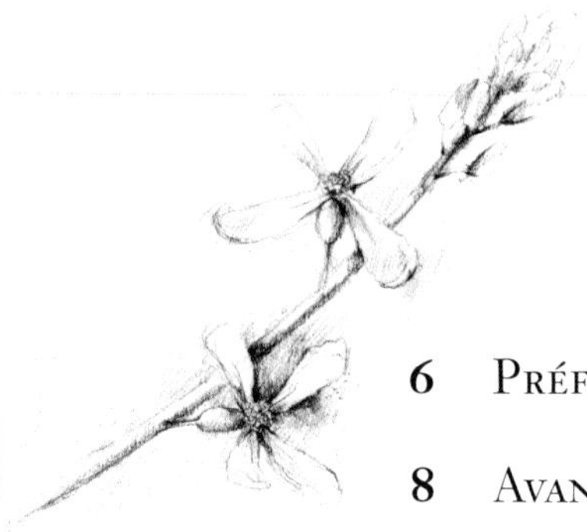

Nos cueillettes sauvages

Une année au potager

Cahier pratique

Le monde végétal et l'homme ont une longue histoire commune faite d'échanges et d'adaptations. Depuis des temps immémoriaux les humains ont vécu sur les productions de la « nature » qu'ils ont ainsi modifiée au fil d'interactions millénaires.

Loin de la grisaille d'un catastrophisme trop souvent invoqué dans les clichés usuels concernant les hommes et leur environnement, ce livre illustre la belle histoire d'amour des hommes et des plantes. Ce que Bernard Lafon raconte, ce qu'Isabelle démontre par ses succulentes recettes illustrent pour une région de France ce que nous retrouvons dans le monde entier, partout où les hommes vivent sur un terroir qu'ils cultivent pour leurs besoins et leur plaisir.

Il ne faut certes pas systématiquement rosir le passé et noircir le présent. Nous avons eu des époques où les variétés cultivées étaient peu nombreuses et l'alimentation paysanne monotone et pauvre, comme elle l'est encore dans bien des régions du monde. La grande envolée de la curiosité botanique populaire en Europe a débuté à la fin du XVIIe siècle chez les savants et les nantis, s'est développée au XIXe et s'est prolongée jusqu'au début du XXe siècle. Ce livre rend compte des savoirs et des plaisirs alimentaires variés de familles paysannes de la seconde moitié du XXe siècle, qui les doivent à cet extraordinaire développement des variétés potagères et fruitières durant deux siècles. De nouvelles plantes se sont alors acclimatées, sont entrées dans le répertoire alimentaire, parfois assez tardivement comme le montre l'auteur pour l'introduction de la culture de l'aubergine à la ferme familiale.

L'histoire du monde se fait en une sorte de mouvement de balancier ou de spirale, et nous sommes parfois retombés dans des temps d'appauvrissement en ce qui concerne les variétés et diversités légumières et fruitières. L'industrie agroalimentaire devait fournir rapidement et beaucoup pour nourrir des populations appauvries après le dernier conflit mondial. La conséquence en fut la perte momentanée d'un patrimoine fait de subtiles différences et de variétés très localisées, accordées aux terroirs et aux climats. Beaucoup fut sacrifié au rendement, et ce fut nécessaire.

Mais, aujourd'hui, dans notre contexte occidental de pléthore alimentaire, le désir de faire revivre la diversité se manifeste logiquement. Tout d'abord parce que la grande majorité des végétaux cultivés de la planète sont à notre portée, mais aussi parce que nous avons appris à connaître et à déguster le monde à travers ses nourritures. Cela développe notre curiosité, y compris celle que je qualifie d'archéologique, pour le goût des aliments passés, pour toutes les saveurs perdues, et nous mène ainsi à redécouvrir les légumes et les fruits momentanément oubliés. Mais pas si totalement oubliés pour que des pionniers artistes et tenaces comme Bernard Lafon ne puissent aujourd'hui faire vivre un jardin des délices d'antan.

Parallèlement, les catalogues des grainetiers s'enrichissent d'année en année, les potagers d'amateurs se multiplient et se diversifient, et l'agriculture développe les techniques dites biologiques. Quant à nous, nous sommes devenus exigeants dans nos choix et nos goûts. Encore faut-il qu'ils soient à la portée de tous.

La flore sauvage, toujours exploitée pour ses dons alimentaires, est un merveilleux lieu de découverte botanique pour les petits et les plus grands. Nous avons tous ressenti, tôt ou tard, l'extrême plaisir et la profonde satisfaction de manger des produits de cueillette « gratuits », ramassés rien que par nous — ce qui les rend encore meilleurs —, plaisir peut-être équivalent à celui, ancestral, du chasseur qui rapporte le gibier. Ce livre est aussi un hommage à la gloire de ces modestes plantes qui ne demandent qu'à être connues, aimées et bien entendu respectées pour qu'elles se perpétuent. Maintenir cet échange entre les hommes et le monde végétal non cultivé nous aide à rester plus harmonieusement humains dans le vaste univers de la matière vivante.

Enfin, n'oublions pas que la biodiversité est essentielle à la survie non seulement de l'homme, mais de toute la planète. Des variétés trop peu nombreuses et trop sélectionnées deviennent extrêmement vulnérables : des attaques de prédateurs et autres pestes pourraient les éliminer complètement, sans survie possible. C'est pourquoi la démarche de Bernard Lafon est essentielle et exemplaire. Nous avons besoin de conservatoires végétaux, de les multiplier, et pas seulement ceux des plantes comestibles. Nous devons tous aider à la diffusion de ce patrimoine en constante transformation. C'est ce que nous dit ce livre qui ne se situe pas dans la nostalgie d'un passé merveilleux, mais dans la dynamique d'un avenir riche en aventures potagères.

Annie Hubert,
anthropologue,
directrice de recherche au CNRS

« Le repas, c'est un peu de pays que l'on déguste. Après tout, on n'est jamais que ce que l'on mange et il faut prêter la plus grande attention à ce que l'on met dans son assiette et dans son verre pour devenir ce que l'on a toujours rêvé d'être. »

JEAN-PIERRE OTTE,
Les Gestes du commencement.

D'aussi loin que je me souvienne, les plantes sauvages et les légumes du potager ont toujours fait partie de mon univers. Durant mon enfance, dans les années 60, la soupe, ou la « garbure », mijotait des journées entières et exhalait leur parfum et leur saveur. Sa préparation était une longue besogne qui commençait très tôt le matin. Quand je partais à l'école, ma grand-mère était déjà passée par notre potager, véritable jardin de curé, pour ramasser blettes, panais, rutabagas et autres topinambours. En longeant la grange, elle n'avait pas manqué de cueillir quelques orties, pulmonaires ou oseilles sauvages. Après quoi, il ne lui restait plus qu'à nettoyer, couper en petits morceaux et mettre à mijoter tous ces légumes dans une magnifique toupine en fonte qui trônait dans l'âtre de la cheminée. La soupe du soir était presque prête…

Ce travail et ces recettes prolongeaient et renouvelaient des pratiques immémoriales. Sans le savoir, ma grand-mère répétait les gestes de nos lointains ancêtres chasseurs-cueilleurs et des innombrables paysans qui ont toujours élaboré leur alimentation autour du potage et des « herbes à pot ». Malheureusement, ces coutumes commençaient à s'estomper tandis que mes grands-parents prenaient de plus en plus de cheveux blancs. Quant à moi, j'en vins à négliger les champs qui s'étendaient à perte de vue au milieu des bois et des vignes de l'Entre-deux-Mers. Encouragé par ma famille, je quittai la campagne et poursuivis mes études dans une de ces banlieues galopantes où l'on plante des dizaines de troènes pour créer l'illusion d'une forêt.

Par bonheur, l'empreinte de ces souvenirs ne m'a jamais quitté. J'ai abandonné les mirages d'une carrière citadine, pour retrouver le lien avec la nature et les rythmes biologiques qui avaient bercé mes premières années. J'ai repris la ferme familiale pour cultiver les plantes sauvages et les légumes de grands-mères, qui ont longtemps permis aux hommes de vivre en harmonie et en communion avec leur terroir.

Cela fait déjà vingt-cinq ans qu'à l'ombre des chênes centenaires, j'ai créé notre atelier de conserverie, qui est aujourd'hui certifié en agriculture biologique. À deux pas d'une immense forêt d'où surgissent souvent biches, chevreuils ou sangliers, j'ai imaginé le concept de « Légumes Oubliés » et créé avec mon épouse Isabelle une formule de découverte touristique, destinée aussi bien aux adultes qu'aux enfants.

À partir d'un verger conservatoire qui regroupe une partie de l'inventaire régional des fruitiers d'Aquitaine, de plusieurs jardins qui illustrent la biodiversité potagère et d'une formule originale de « Goûter à la ferme », nous proposons aux amateurs de nature, d'environnement et de gastronomie, une initiation à la fois ludique et culturelle. C'est pour répondre aux milliers de questions qui nous sont chaque année posées que nous avons écrit ce livre.

En effet, au moment où les hommes s'interrogent sur le sens du progrès et sur les nouveaux rapports qu'ils doivent entretenir avec la Nature, il m'est apparu essentiel d'expliquer notre expérience, notre cheminement et de relancer le débat autour de la biodiversité, de la place du sauvage, des variétés anciennes et des rythmes biologiques dans notre alimentation.

Les souvenirs que j'évoque ne sont pas très anciens : ils ont tout juste une trentaine d'années, mais à cette période les plantes sauvages, les légumes du potager et, d'une façon plus générale, la Nature étaient encore considérés comme des compagnons bienveillants.

Au cours de nos actions éducatives et de nos formules de découvertes, nous constatons chaque jour, à travers le dialogue qui s'instaure avec nos visiteurs, que ces souvenirs sont enfouis dans un recoin de notre inconscient collectif.
Il ne tient qu'à nous de les dépoussiérer afin d'expliquer à nos enfants l'origine et le sens de leur alimentation, tout en les incitant au respect de la Nature et de la Vie.

Bernard Lafon
Sadirac, 25 novembre 2001

Nos cueillettes sauvages

Oseille sauvage

Les herbes, le feu et le pot

Depuis toujours, l'homme est un mammifère omnivore. Même si l'on retrouve beaucoup d'ossements d'animaux dans les sites préhistoriques, la cueillette fut toujours largement pratiquée. Ortie, pissenlit, plantain, asperge sauvage, chou marin, gesse des montagnes, vesces, panais, sureau, mûres, noix, châtaignes… étaient probablement déjà consommés au paléolithique. Peuples de chasseurs-cueilleurs, en totale symbiose avec la nature, les hommes d'alors mangeaient ce que la nature leur offrait dans toute sa diversité. De cette nécessaire diversité sont nés peu à peu le plaisir et le goût…

Le cru et le cuit

Comme l'a expliqué Claude Lévi-Strauss dans *Le Cru et le Cuit*, la cuisine est un lien, une « nécessaire articulation » entre Nature et Culture. Ainsi, lorsque l'homme acquiert la maîtrise

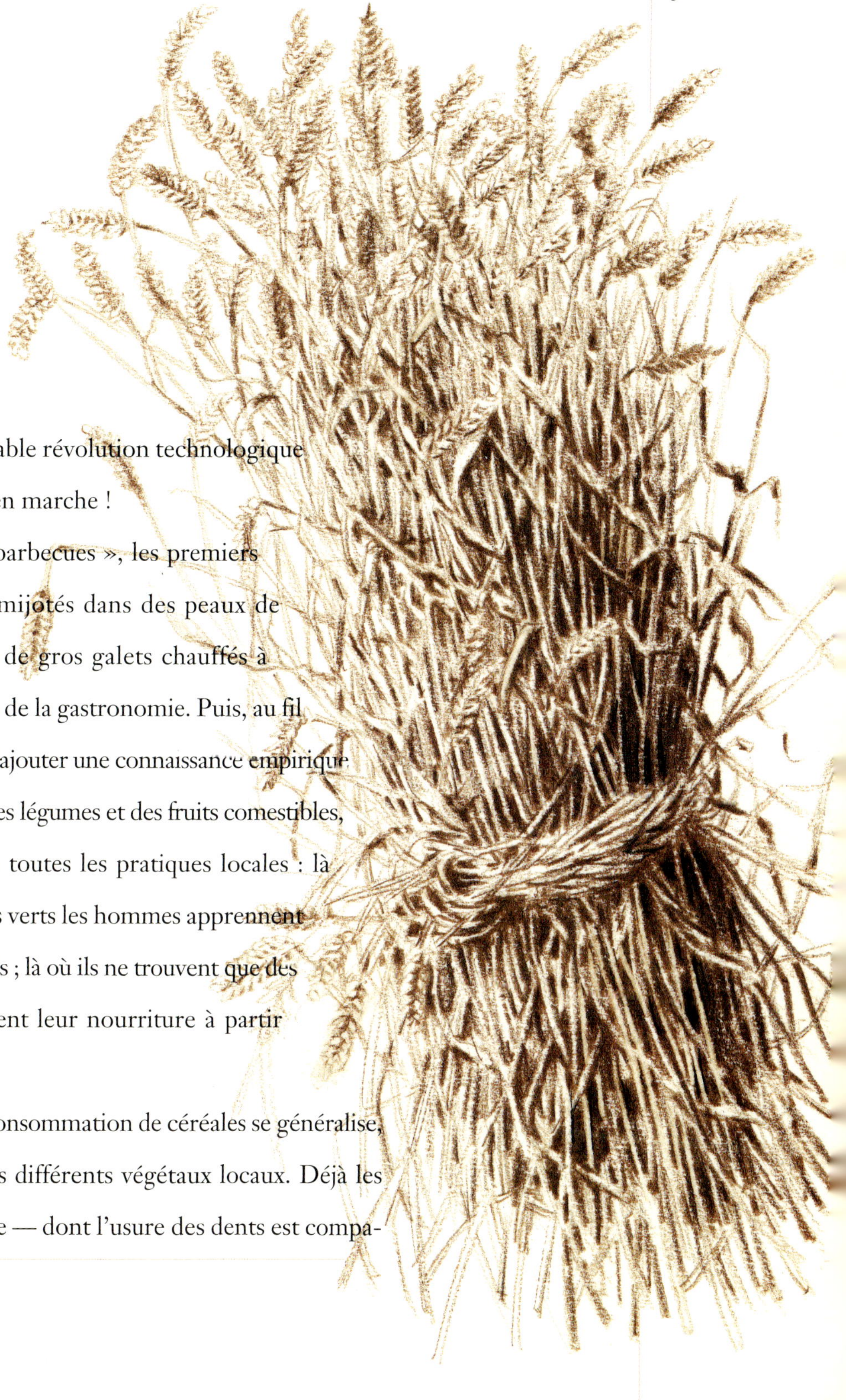

du feu, c'est une véritable révolution technologique et sociale qui se met en marche !

Les premiers « barbecues », les premiers brouets (bouillons), mijotés dans des peaux de bêtes par immersion de gros galets chauffés à blanc, jettent les bases de la gastronomie. Puis, au fil des millénaires, vient s'ajouter une connaissance empirique des plantes sauvages, des légumes et des fruits comestibles, connaissance issue de toutes les pratiques locales : là où poussent les chênes verts les hommes apprennent à consommer les glands ; là où ils ne trouvent que des châtaignes, ils élaborent leur nourriture à partir de celles-ci.

D'autre part, la consommation de céréales se généralise, en association avec les différents végétaux locaux. Déjà les peuples du néolithique — dont l'usure des dents est comparable à celle de végétariens — s'étaient rendu compte que les végétaux sauvages et les légumineuses, combinés aux céréales, apportent à la fois ration et équilibre alimentaire. Il a fallu attendre le XXe siècle pour que la diététique et la compréhension du mécanisme des protéines démontrent scientifiquement le bien-fondé de ce type de régime.

Au fil du temps, les hommes ont constaté que les graines de blés sauvages, d'engrains (*Triticum beoticum*) ou d'amidonniers (*Triticum dicoccoides*) se ressemaient facilement toutes seules, et surtout qu'elles devenaient de plus en plus prolifiques. Ils ont aussi cherché à domestiquer certains grands herbivores comme le mouton, le bœuf, l'antilope ou même le renne. En deux mots, ils ont inventé l'agriculture !

QUAND LES HOMMES ONT DOMESTIQUÉ LES PLANTES

Il y a un peu plus de 10 000 ans, après une longue période de glaciation, l'humanité est entrée dans une ère nouvelle, l'Holocène, caractérisée par une grande stabilité des climats.
Après la maîtrise du feu et les premières formes d'organisation sociale, ce phénomène climatique a créé des conditions de vie plus favorables grâce auxquelles les hommes se sont davantage sédentarisés. Peu à peu ils ont mis au point des techniques agricoles qui leur ont permis d'organiser leurs ressources alimentaires.

La soupe de Dame Nature

Toutefois, il ne faut surtout pas croire que ces innovations aient éliminé les pratiques de cueillette et nié l'importance du sauvage. Les productions agricoles ont d'abord été réservées aux plus riches, capables d'entretenir des cohortes d'esclaves pour s'occuper des « cultures ». D'autre part, nos ancêtres, surtout les plus pauvres, ont continué à entretenir avec le monde sauvage (forêt, lande, taillis, jachère) un lien très étroit, lien qui fondait leurs principes de vie.

La cueillette des champignons, des châtaignes ou des mûres est aujourd'hui un héritage vivace de cette pratique de la cueillette, qui n'a véritablement commencé à être remise en question qu'à partir de la Révolution. Durant tout le Moyen Âge et jusqu'à la fin du XVIIIe siècle, l'agriculture française était organisée autour de « la vaine pâture ». Ce système, qui se voulait « scientifique », était fondé sur une technique qui profitait à tout le monde, celle de l'assolement triennal : aussitôt après la récolte de blé, de froment ou d'orge, la terre était laissée en chaume et les champs devenaient « vains » ou « jachère », c'est-à-dire propriété commune, libre de droits ; chacun pouvait laisser paître les bestiaux, regroupés en troupeaux communs, glaner les épis et cueillir les fameuses « herbes à pot ».

En effet, l'essentiel de l'alimentation rurale tournait autour de la pratique du potage car, jusqu'à une époque très récente, les moyens de cuisson étaient relativement peu nombreux. Ce terme qualifiait tout ce qui était non rôti, cuit dans le pot avec de l'eau. Le plus souvent, il s'agissait d'une sorte de bouillon complété avec des herbes, des feuilles, des choux, des vesces ou des fèves et, pour les plus fortunés, un bout de lard ou de saindoux. Cette préparation, appelée aussi brouet ou bouillie, était parfois servie sur des tranches de pain noir : c'était la « soppe ». Dame Nature offrait le manger : il n'y avait plus qu'à se mettre à table !

À L'ORIGINE DU POTAGE : LE POT ET LES « HERBES À POT »

On regroupait sous le terme « herbes à pot » toutes les plantes sauvages qui allaient dans le pot pour préparer le potage.
Au fil des mois, les paysans ramassaient laiteron, primevère, pissenlit, ortie, pourpier, plantain, bourrache, oseille, consoude, chénopode, amarante… qui proliféraient derrière les récoltes. Toutes ces bonnes herbes ou « menues verdures » venaient mijoter dans le pot ou la marmite qui siégeait en permanence dans la cheminée.

Rétablir un lien essentiel avec la nature

Autour de la cueillette, des premières formes de cultures, de l'organisation et de la convivialité des festins, c'est non seulement la socialisation des hommes qui s'est mise en place, mais aussi une connaissance approfondie du monde végétal et de ses usages. En harmonie avec les rythmes de la terre, du soleil et de la lune, le mode de vie paysan faisait corps avec son milieu naturel. Il vivait au rythme des saisons et des cycles végétaux, dans un espace bien défini, comme dans un cocon. C'est ce système de société qui a généré au XIXe siècle toutes les identités de pays et permis le développement des terroirs.

Mais, parce que nos campagnes se sont largement dépeuplées, parce qu'on a voulu oublier les disettes, parce que les technologies sont de plus en plus sophistiquées, toute cette connaissance populaire et intuitive de la nature et du patrimoine sauvage est aujourd'hui en voie de disparition. Cela explique l'oubli de nombreux légumes et de pratiques alimentaires. Toutefois, il suffirait de peu de choses pour rétablir ce lien avec notre environnement végétal et ainsi profiter de son caractère authentique, naturel et poétique. Il suffirait de partir en promenade dans la nature, d'ouvrir les yeux, de se baisser un petit peu et de laisser remonter les souvenirs…

LE PRINTEMPS, LA PREMIÈRE DE NOS SAISONS, *est un renouveau, une purification, un lever de jour après une longue hibernation. C'est la montée de la sève, le réveil de la nature, la recherche de la vie, la saison des amours : un vrai feu d'artifice !*

À Sadirac, dans notre région de l'Entre-deux-Mers, riche en forêts, prairies et « costières », le printemps est annoncé par le réveil des couleurs, le chant du coucou, le vol des hirondelles ou des huppes fasciées, les « pupues », mais aussi par l'apparition, au milieu des vignes, des doucettes et des barraganes, le parfum des fleurs d'acacia et la lumière des pissenlits…

Dans notre ferme, quand j'étais enfant, le printemps était vécu avec beaucoup d'émotion : la vie revenait avec les premières « verdures » ! Après les restrictions, le ciel bas et la grisaille de l'hiver, nous avions la joie de croquer à belles dents dans les premières fèves, les premiers radis roses, les petits pois, de partir en balade dans les bois pour nos cueillettes sauvages, pour ramasser les « plantes compagnes » et préparer la première soupe d'orties sauvages…

RECOMMANDATIONS

Beaucoup de plantes sauvages sont partiellement ou totalement comestibles. Toutefois, comme dans le cas des champignons, il existe des végétaux toxiques. Nous vous invitons à respecter nos indications et, dans le doute, nous vous recommandons de ne pas hésiter à interroger un pharmacien ou tout autre spécialiste, pour vous aider à identifier le résultat de vos cueillettes. Nous vous invitons également à garantir la qualité de celles-ci en préférant les lieux sauvages ou ceux où l'agriculture biologique est pratiquée.

L'ortie : une vraie plante compagne

JE ME SOUVIENS ENCORE DE CE PLAISIR que nous éprouvions, dans les années 60, à déguster les premières verdures. La sensation de joie de vivre et de renouveau était extraordinaire. À l'approche des chaleurs de l'été, nous étions peu à peu gagnés par une impatience joyeuse qui s'installait dans nos cuisines et illuminait nos repas.

Comme une potion magique

La première soupe d'ortie arrivait comme une potion magique. Elle nous réchauffait dès la première gorgée. On sentait jusqu'au tréfonds de notre corps toute la puissance de cette plante dont nous gardions vif le souvenir des brûlures de ses feuilles. La soupe fumante électrisait nos membres et nous rendait plus forts : on était prêts pour sortir de l'hiver, courir dans la campagne et engager les travaux des champs. C'est sans doute le souvenir ému de cette ambiance qui m'a incité, à la fin des années 70, à redonner à l'ortie ses lettres de noblesse et à faire partager son goût si particulier…

Lorsque j'étais enfant, nous déjeunions régulièrement en famille et c'était en général ma grand-mère qui faisait cette première soupe. Elle la laissait mijoter au coin du feu, dans une toupine en fonte, une bonne partie de la nuit. Nous la dégustions fumante sur des tranches de pain dur.

Ma grand-mère avait acquis, comme beaucoup de femmes de sa génération, une grande expérience des plantes. Elle connaissait beaucoup de leurs usages, transmis de génération en génération, et consignait toutes ses recettes de cuisine sur un petit carnet d'écolier. Pourtant, paradoxalement, l'ortie sauvage — celle qui pique — n'y trouvait pas sa place : cette « plante compagne » faisait tellement partie du quotidien qu'il n'était pas nécessaire de noter quoi que ce soit ! Ma grand-mère l'utilisait en effet aussi bien dans la cuisine du cochon qu'en purée ou en omelette. Si, un soir d'avril ou de mai, il ne restait plus que quelques œufs, les orties étaient toujours là pour nous aider à préparer rapidement un excellent repas ! Il suffisait de sortir de la maison et de se baisser ! Sans se piquer, aidée seulement d'un chiffon épais, ma grand-mère ramassait en quelques secondes une large brassée qu'elle utilisait aussi bien pour la cuisine, la basse-cour que le jardin. J'étais d'autant plus émerveillé par sa dextérité à cueillir ces jeunes pousses que je gardais le souvenir cuisant d'une chute en culottes courtes dans un fossé plein d'orties où j'avais été poussé par une petite copine.

Ainsi, l'ortie était la plus importante de nos plantes compagnes. Les restaurateurs qui redécouvrent aujourd'hui sa saveur et son charme, en l'associant aussi bien au foie gras qu'aux escargots ou au saumon, ne font que perpétuer cette tradition.

Une source de santé

À Sadirac, comme dans beaucoup de campagnes, l'ortie sauvage était parée de toutes les vertus. C'était une vraie source de santé, censée être à la fois riche en calcium, nourrissante, « revitalisante » et « fortifiante ». Ayant eu dans ma petite enfance une croissance difficile, j'étais obligé non seulement d'apprécier, mais aussi de me resservir généreusement lorsque l'ortie était au menu. Et, le plus souvent, j'avais droit à la séquence « Souvenirs » à propos des privations de la guerre, des difficultés que toute la famille avait vécues et de la place que l'ortie avait occupée durant ces longues années.

Nos connaissances familiales concernant cette plante dataient de la nuit des temps. Les paysans ont toujours eu un certain bon sens issu de l'expérimentation et de l'observation. La richesse nutritionnelle de l'ortie et ses caractéristiques biologiques ne leur avaient donc pas échappé et ils en avaient tiré les conclusions qui s'imposent, anticipant ainsi les observations scientifiques menées depuis. C'est ainsi que l'ortie occupait une place essentielle dans l'alimentation animale. Pour sauver les couvées de canetons, d'oisons ou même de poussins, aucun complément alimentaire ou médicament n'était disponible. Mais on avait appris à utiliser l'ortie : mélangée avec un peu de farine d'orge, de son ou de petit-lait,

Traitez vos pieds de tomates avec des feuilles d'ortie

• Préparez votre terrain : tous les 60 cm, faites des trous de la taille d'un bol. • Cueillez des feuilles fraîches (sans graine, ni racine !). • Placez au fond de chaque trou une poignée d'orties, hachées grossièrement. • Recouvrez d'une fine couche de terre et plantez normalement vos pieds de tomates. • Arrosez afin de faciliter la reprise. • 2 à 3 semaines plus tard, vous pouvez traiter et fertiliser vos pieds de tomates en procédant à une pulvérisation régulière, avec une solution d'eau contenant 10 % de purin d'orties. • Celui-ci se prépare en laissant fermenter au soleil, environ une dizaine de jours, 1 kg de feuilles d'ortie dans 10 l d'eau de pluie. Ce « purin d'ortie » possède des vertus minéralisantes et insecticides. Il est en particulier très efficace contre les pucerons si l'on procède à 3 ou 4 pulvérisations à 8 jours d'intervalle. Attention cependant à ne pas dépasser les doses sinon vous risquez de brûler les plantes.

elle donnait des résultats spectaculaires et sauvait en quelques jours toute une couvée. De même, en juin ou en juillet, lorsque les dindons « mettaient le rouge » : fragilisés par une croissance rapide, ils avaient eux aussi besoin de fortifiants. Encore une fois, l'ortie produisait des miracles en leur permettant de passer ce cap difficile.

Vous pouvez, vous aussi, profiter des vertus et apprécier la saveur de l'ortie sauvage car c'est une plante très commune et facile à identifier. Il suffit de faire attention au lieu où vous la ramassez, afin d'être certain qu'aucun désherbant n'a été répandu, de cueillir des pousses de 30 à 40 cm et… de se munir d'une paire de gants !

Plantes rudérales et plantes compagnes

Les activités des hommes ont toujours modifié l'environnement. En créant de nouveaux milieux, ils ont favorisé la présence de nombreuses espèces, comme les orties, les sureaux, les pissenlits ou les plantains. Ces plantes, qualifiées de « rudérales », s'adaptent facilement aux décombres et aux déchets végétaux, animaux ou calcaires, liés à la présence humaine. En corollaire, les hommes ont appris rapidement à les connaître et à profiter de leurs qualités. Au fil du temps, un fort lien de compagnie s'est ainsi établi, à tel point que s'est imposé le terme de « plantes compagnes » proposé par Pierre Lieutaghi dans son ouvrage *La Plante compagne*. Et malheureusement c'est cette relation qui est en train de disparaître aujourd'hui !

L'ortie sauvage possède de nombreuses propriétés. Elle est très riche en protéines (40 % de son poids sec), en sels minéraux (magnésium, calcium, phosphore, fer et potassium), en vitamines A (7 000 UI/100 g) et C (333 mg/100 g).

Soupe d'orties sauvages, à notre façon

POUR 4 PERSONNES

- 200 g de jeunes feuilles d'ortie (40 cm de haut maximum)
- 600 g de pommes de terre
- 200 g d'oignons
- 4 cuillerées à soupe de crème fraîche

• Avec une paire de gants, récoltez et effeuillez délicatement une grosse poignée d'orties sauvages. • Pelez et coupez en morceaux les pommes de terre et les oignons. • Faites cuire le tout pendant 25 min, dans une casserole, avec un litre d'eau. • Passez ensuite au mixer. Remettez au feu, salez, poivrez et ajoutez 4 cuillerées de crème fraîche. • Rectifiez l'assaisonnement si nécessaire et servez chaud.

Quiche aux orties sauvages

POUR 6 À 8 PERSONNES

- 1 pâte brisée
- Environ 200 g de feuilles d'ortie
- 12 cl de lait
- 20 cl de crème liquide
- 3 œufs entiers
- 1 caïeu d'ail
- 30 g de fromage râpé
- Sel et poivre

• Préparez et étalez une pâte brisée dans un plat à tarte. • Lavez les feuilles d'ortie. • Faites-les blanchir pendant 1 min à l'eau bouillante. • Égouttez-les et hachez-les finement. • Dans un saladier, battez 3 œufs. • Ajoutez le lait et la crème. • Salez, poivrez et écrasez l'ail. • Après avoir bien mélangé l'ensemble, versez-le sur la pâte. • Parsemez la surface de gruyère râpé. • Faites cuire à 220 °C pendant 35 min.

Omelette aux orties sauvages

• • •

POUR 4 PERSONNES

200 g de feuilles d'ortie
5 œufs
1 cuillerée à soupe d'huile d'olive

• Ramassez une grosse poignée d'orties sauvages. Éliminez la tige principale. • Faites blanchir 1 min dans de l'eau frémissante. • Battez 5 œufs entiers, salez, poivrez. • Dans une poêle, faites revenir les orties avec un peu d'huile d'olive. • Chauffez à feu vif et versez les œufs. • Faites cuire à feu doux 8 à 10 min. • Pliez l'omelette, comme un chausson. • Servez chaud, avec une salade de pourpier ou de roquette.

Comment la reconnaître ?

La consoude pousse un peu partout en France, de préférence dans les zones humides et les sous-bois. Elle possède un pied assez touffu et de longues feuilles allongées et légèrement velues.

Les fleurs, en forme de clochette, sont toutes situées du même côté de la tige. Il est préférable de cueillir et de consommer la consoude au printemps, au moment où les feuilles sont les plus tendres.

Le miracle de la consoude

La consoude, comme l'ortie, était considérée comme une plante miracle, « un trésor du jardin » ainsi que l'a qualifiée notre ami Bernard Bertrand dans son ouvrage consacré à cette plante souvent méconnue.

Vivace et largement répandue en France, la consoude a des propriétés connues depuis l'Antiquité. Dioscoride, il y a deux mille ans, a été le premier à parler de ses vertus médicinales : « Elle montre une grande force pour souder les divorces de toutes les parties ou membres. » Mais c'est seulement pendant la Première Guerre mondiale que deux médecins anglais, Titherley et Coppin, mirent en évidence les propriétés spectaculaires de cette « herbe à coupures » et l'importance de la molécule d'allantoïne qu'elle contient en grande quantité.

Je ne saurais dire si c'est dans les tranchées de Verdun que mon grand-père a entendu parler de la consoude ou si elle était déjà connue dans nos campagnes, toujours est-il que parfois, au moment du Carême, nous pouvions

apprécier ses jeunes pousses, sous forme de beignets bien croustillants. Certains disent que leur forme et leur saveur douce rappellent les filets de soles. Même si c'est un peu excessif, cette recette simple ne manquera pas d'étonner et de ravir vos amis par sa douceur et sa finesse !

Durant ces dernières années, de nombreux travaux, recherches et expérimentations ont été organisés autour de la consoude. Comme l'ortie, c'est en effet une plante minéralisante qui trouve aujourd'hui, en France comme en Angleterre, de nombreuses utilisations aussi bien dans le domaine du jardinage que de la pharmacopée.

La consoude peut être cuisinée en potage, en gratin ou en beignets de légumes. Aux États-Unis, elle est appréciée sous forme de tisane. Mais attention : c'est une plante sauvage à consommer sans excès à cause de sa teneur en alcaloïdes.

Beignets de feuilles de consoude

• • •

POUR 4 PERSONNES

20 feuilles de consoude
Huile d'olive, sel, poivre

Pâte à beignets :
250 g de farine
1 demi-cuillerée à café de levure de boulanger
1 cuillerée à soupe d'huile d'olive
1 blanc d'œuf
Eau tiède

• Ramassez 20 feuilles de consoude. • Lavez-les et égouttez-les soigneusement. • Préparez la pâte en mélangeant la farine, la levure, l'huile. • Délayez doucement à l'eau tiède. La pâte doit être assez fluide. • Ajoutez le blanc d'œuf, battu au préalable à la fourchette. • Salez, poivrez et laissez reposer la pâte au moins 2 heures. • Faites chauffer dans une poêle de l'huile d'olive. • Trempez les feuilles une par une dans la pâte et faites frire dans l'huile chaude 1 min. • Égouttez et disposez sur un plat. • Accompagnez ces beignets d'une viande grillée.

Doucette, barragane et plantain : le plaisir de la cueillette

LA « DOUCETTE » OU MÂCHE SAUVAGE

Ce terme de « doucette », particulier à la région du Bordelais, désigne la mâche commune, plante annuelle, spécifique du Sud-Ouest, qui pousse spontanément, de préférence sur les sols fraîchement travaillés. Elle germe à l'automne et se développe durant l'hiver. Elle permet de composer des salades très savoureuses à préparer avec une vinaigrette à l'huile de noix.

À LA FIN DE L'HIVER, dans notre région du Bordelais, il fallait, comme aujourd'hui encore, tailler les vignes puis « tirer les bois » pour faire les fagots de sarments. Les femmes, auxquelles cette tâche était réservée, en profitaient pour cueillir entre les rangs de vigne les premières pousses de printemps. Aussi bien pour ma mère que pour ma grand-mère cela faisait partie des habitudes. Moi-même, enfant, j'ai souvent participé à cette activité qui témoignait, là encore, de notre mode de vie en harmonie avec la nature. En effet, l'essentiel de nos ressources et de notre alimentation provenait non seulement de la diversité des récoltes — du fait d'une large pratique de la polyculture — , mais aussi de ces premières pousses, les « rosettes » et « verdures », qui venaient renouveler nos provisions de racines et de fruits. De plus, ces cueillettes pratiquées par les femmes donnaient à celles-ci de nombreuses prérogatives : leurs « recettes de bonnes femmes » en faisaient les gardiennes d'un savoir-faire immémorial et les garantes d'une sécurité à la fois alimentaire et médicale.

Dès les premiers beaux jours, comme toutes ses voisines, ma mère partait cueillir, à proximité de la ferme, le pissenlit, la doucette, l'aillé (ail sauvage) et autres « barraganes ». Elle en profitait pour aller inspecter ses « replats de mousserons » au milieu des prairies où ces champignons poussent dès le mois de mars. Quant au plantain, elle le ramassait en bordure des chemins ou des prairies. On consommait ses feuilles en salade et on dégustait aussi ses boutons floraux dont la saveur nous rappelait celle des champignons. D'ailleurs, le plantain « corne de cerf » était autrefois sélectionné pour les potagers. Cependant, la variété sauvage la plus agréable est, à mon avis, le plantain lancéolé caractérisé par des feuilles étroites et allongées.

Tous ces végétaux étaient sources de nombreuses recettes simples qui permettaient de varier la cuisine après un long hiver et de mieux se nourrir en puisant les forces de la nature dans l'explosion végétale du printemps. Ces recettes sans prétention étaient l'expression du lien étroit avec la terre, le pays et le rythme des saisons : alors que toute la végétation se réveillait, il aurait été inconcevable de rester à l'écart de ce mouvement.

Par ailleurs, le potager étant au repos à cette époque de l'année, la cueillette des plantes sauvages offrait l'occasion de faire des économies. Dans une société qui rejetait totalement le gaspillage, cela présentait beaucoup d'intérêt.

Aujourd'hui encore, il est possible de goûter ainsi le printemps en ramassant toutes ces plantes. N'oubliez pas de chercher de préférence les domaines où se pratique l'agriculture biologique afin d'être certain qu'aucun désherbant n'a été utilisé.

Une « recette de bonne femme »

En cas de piqûre d'ortie ou d'abeille, cherchez le plantain à feuille ovale ou « plantain majeur ». Souvent, il pousse justement à côté des orties. Pressez une feuille entre vos doigts pour faire sortir le suc. Appliquez-le sur l'endroit douloureux : en quelques minutes, la douleur disparaîtra.

Un petit poireau tendre et parfumé

La barragane, terme
qui désigne chez nous
le poireau sauvage
ou « poireau perpétuel »,
pousse en hiver, dans les vignes,
et apprécie les sols
fraîchement travaillés.
Fréquent en Europe du Sud,
ce petit poireau
a été consommé
dès la plus haute antiquité.
Il est à la fois
très parfumé et tendre,
surtout dans sa partie verte.
Il se cuisine
comme tous les poireaux,
en omelette ou à la vinaigrette.
Il est recommandé
contre la prise de poids
du fait de son pouvoir drainant.

Asperge, "raspountchou" et crosse de fougère

D'AUTRES PLANTES SAUVAGES, comme l'asperge, le « raspountchou » (le tamier) ou les « têtes de violon » (pousses de fougère osmonde royale), étaient consommées dans certaines régions. Les pousses de « raspountchou », par exemple, sont cueillies depuis plusieurs générations dans le sud du Massif central. Cette habitude alimentaire est liée aux mineurs venus à la fin du XIXe siècle du nord de la France. Dans l'Entre-deux-Mers, en revanche, même si cette plante est présente dans les taillis, « costières » et chemins, sa consommation était rarement pratiquée autrefois.

En Languedoc et plus particulièrement dans la région de Perpignan, il est encore fréquent à la fin mars de rencontrer des promeneurs à la recherche d'asperges sauvages en bordure des chemins ou de garrigues. La consommation de ces jeunes pousses, en omelette ou à la vinaigrette, constitue une tradition bien vivante qui révèle, une fois de plus, l'importance des liens qui existaient naguère entre l'environnement naturel et les « gens du pays ».

Les pousses de fougère grand-aigle, quant à elles, étaient appréciées dans certaines régions de montagne, de Vendée ou du centre de la France. Elles sortent de terre fin avril, début mai et leur extrémité s'enroule sur elle-même. Ces crosses de fougère ne sont comestibles que durant cette période. Il convient donc de les récolter encore tendres, en les cassant entre le pouce et l'index, avant qu'aucune feuille ne soit déployée. Comme elles sont un peu amères, il est nécessaire de bien les faire cuire (au moins 20 min à l'eau bouillante, avec une cuillerée à soupe de bicarbonate de soude). Cependant cette plante doit être consommée avec modération. Attention, lorsqu'elle grandit et développe ses feuilles, elle devient toxique.

Les crosses d'une autre fougère, l'osmonde royale, sont appelées « têtes de violon » au Québec, où leur consommation est encore très fréquente. C'est une pratique que nos cousins d'outre-Atlantique ont gardée de leur ancienne province à l'instar de la « parlure ». Chaque printemps, les restaurateurs québécois rivalisent d'ingéniosité, avec succès, pour maintenir cette tradition.

De même que l'ortie, le pissenlit ou la consoude, l'asperge, le tamier et la crosse de fougère, toutes ces plantes qui étaient tant attendues pour le rituel printanier, offrent toujours l'inégalable plaisir d'une communion autour du goût du sauvage.

L'ASPERGE SAUVAGE

Dans l'Antiquité, sur les marchés d'Athènes, le terme *asperge* (*asparagos* ou *aspharagos*) désignait toutes les jeunes pousses dont on consommait les tiges et en particulier celles de l'asperge sauvage. Après avoir connu une longue période de désaffection, durant tout le Moyen Âge, l'asperge est revenue sur nos tables grâce à Henri III et surtout Louis XIV qui l'appréciait particulièrement. Elle a été améliorée et abondamment cultivée au XIXe siècle dans la région d'Argenteuil.

Fougère grand-aigle

Prudence

Seules les pousses du tamier sont comestibles.

En revanche, ses fruits sont très toxiques.

Quant à la fougère grand-aigle,

lorsqu'elle développe ses feuilles,

les frondes, elle devient elle aussi toxique.

Omelette de barragane

•••

Pour 4 personnes
20 à 30 barraganes
4 œufs
Huile d'olive, sel, poivre

• Lavez soigneusement les barraganes en veillant à conserver les bulbilles. • Coupez-les en petits morceaux et faites-les rissoler doucement dans une poêle pendant 10 min avec un filet d'huile d'olive. • Battez les œufs dans un saladier. • Salez et poivrez. • Chauffez à feu vif et versez les œufs. • Cuisez ensuite à feu doux pendant 5 à 6 min.

Salade folle aux herbes sauvages

•••

Pour 6 personnes
1 laitue « merveille des quatre saisons »
10 jeunes feuilles de plantain lancéolé
10 jeunes feuilles de pissenlit
5 petites doucettes (mâches sauvages)
4 cuillerées à soupe d'huile d'olive
2 cuillerées à soupe de vinaigre de vin de Bordeaux
Sel et poivre

• Lavez et nettoyez toutes les plantes • Préparez la vinaigrette et mélangez le tout • À servir frais avec un bon fromage.

Soupe aux « herbes à pot »

•••

À préparer de préférence avec des jeunes feuilles.

Pour 4 personnes
50 g de feuilles de chénopode blanc
50 g de feuilles de pulmonaire
50 g de feuilles de mauve
50 g de feuilles d'amarante
10 à 15 feuilles de plantain
1 oignon
200 g env. de pommes de terre
1 litre d'eau
Sel et poivre

• Lavez et égouttez les herbes. • Faites cuire dans l'eau à feu doux dans une cocotte durant 30 min les herbes, l'oignon et les pommes de terre. • Mixez l'ensemble. • Salez, poivrez et servez chaud.
• Si vous l'aimez plus veloutée, ajoutez un filet de crème fraîche ou une noix de beurre à votre soupe.

Herbes à pot et herbes sauvages

IL Y A UNE QUARANTAINE D'ANNÉES, dans notre ferme familiale, les « plantes de cueillette » avaient gardé une place essentielle dans nos repas, particulièrement au printemps. Pourtant, tout autour de nous, les pratiques culinaires se transformaient peu à peu sous les assauts de la modernisation et, peut-être aussi — il faut le reconnaître —, à cause des mauvais souvenirs de disette qui étaient attachés à la consommation de ces végétaux sauvages. C'est ainsi que des plantes très anciennes, consommées depuis l'époque gauloise, comme le maceron, le chénopode Bon-Henri, la livèche, la mauve, l'amarante ou la bourrache, sont tombées dans l'oubli.

Aujourd'hui, face à ce que certains appellent la « malbouffe », il est peut-être bon de réapprendre le goût de ces plantes. Le maceron ou la livèche, par exemple, se cuisinent un peu comme la feuille de céleri, mais possèdent une saveur et un goût qui me paraissent plus fins. Quant à la bourrache, ses jeunes feuilles rappellent le goût du concombre. De plus, il s'agit d'une plante très riche en

Pulmonaire

Une plante à découvrir : le maceron

Vivace et fréquente dans tout l'ouest de la France, cette plante facile à cultiver est une ombellifère indigène connue depuis la préhistoire. Elle a en effet été consommée dès l'époque paléolithique et très appréciée durant toute l'Antiquité. À l'époque romaine, Apicius (vers 25 av. J.-C.) n'en donne pas moins de quatre recettes dans son recueil, *L'Art culinaire*. Plus tard, sous Charlemagne, dans le *Capitulaire de Villis*, sa culture était conseillée dans les monastères. On consommait ses feuilles et sa racine charnue. Quant à ses graines, elles étaient utilisées comme un succédané du poivre, alors très cher. Le maceron est une des toutes premières « verdures » à apparaître dès que les jours commencent à allonger, vers la fin janvier. C'est un magnifique légume aux larges feuilles dentelées qui développe son parfum caractéristique, à mi-chemin entre le céleri, la roquette et l'odeur poivrée de la capucine. À partir du XVIe siècle, sa culture a peu à peu été remplacée par celle du céleri qui a l'avantage de pousser tout au long de l'année.

acides gras essentiels (l'acide gamma-linoléique, qui favorise le bon cholestérol). Elle a longtemps été cultivée dans tout le sud de l'Europe. En 1600, Olivier de Serres en parle longuement dans son *Théâtre d'agriculture et mesnage des champs*.

La bourrache est aussi une plante rustique et décorative, qui se cultive facilement en bordure de jardin ou sur un balcon. À l'état sauvage, on la rencontre fréquemment dans les jachères, en bordure de chemin ou de talus. Elle se reconnaît facilement à ses feuilles épaisses et poilues ainsi qu'à ses fleurs étoilées, blanches ou d'un bleu intense, qui se développent en bouquets, en bout de tige. Celles-ci sont appréciées pour leur saveur qui rappelle celle des huîtres. Vous pouvez aussi les utiliser en décoration d'une salade ou de crudités.

Gratin de feuilles de bourrache

• • •

À préparer avant que la bourrache ne monte en fleur.

Pour 4 personnes
150 g de feuilles de bourrache
600 g de pommes de terre
2 grands verres de crème liquide
2 œufs
2 cuillerées à soupe de farine de blé
Fromage râpé
Sel et poivre

• Pelez les pommes de terre et faites-les précuire. • Lavez les feuilles de bourrache. Gardez 4 petites feuilles.
• Beurrez légèrement un plat à gratin. • Disposez une couche de feuilles et une couche de pommes de terre. Salez et poivrez. Recouvrez d'une nouvelle couche de feuilles et terminez par une couche de pommes de terre.
• Mélangez à part la crème, les œufs et la farine. • Versez ce mélange sur la dernière couche de pommes de terre.
• Sur le dessus, placez les 4 petites feuilles de bourrache et parsemez de fromage.
• Faites cuire à four chaud pendant 30 min à 220 °C.
• Servez avec un rôti ou un poulet de ferme.

Roquette et pourpier sauvages

DANS LES ANNÉES 60, la roquette sauvage était aussi une des plantes que nous ramassions fréquemment. De la famille des crucifères, comme la moutarde, le chou et le colza, elle est fréquente en Gironde : sur les débris calcaires, à proximité des maisons et sur certains talus bien ensoleillés. C'est une « plante compagne » qui se rencontre encore plus fréquemment sur tout le pourtour méditerranéen. Comme elle est très rustique, vous pouvez la semer en jardinière afin de constituer votre propre potager de balcon !

À cause de sa saveur très aromatique, et parfois envahissante, nous préférons la mélanger avec d'autres jeunes salades, comme la laitue feuille de chêne ou la scarole, afin que les parfums puissent s'équilibrer. C'est d'ailleurs sous cette forme, appelée aujourd'hui le « mesclun », qu'elle est vendue en Provence.

Toujours parmi les jeunes pousses, le pourpier était très apprécié dans mon enfance. Toutefois, il s'agissait plus d'une consommation d'été que de printemps. En effet, il faut attendre les fortes chaleurs pour que le pourpier prolifère dans les jardins, de préférence sur les sols fraîchement travaillés.

Parce qu'il est à portée de main, on peut rapidement composer une « salade fraîcheur », le préparer en mousseline, en fond de sauce ou le cuisiner avec un poisson comme le saumon. C'est très simple : le pourpier sauvage est commun, facilement identifiable et ne présente aucun risque de confusion.

Conseils : faites attention à ne pas ramasser les pousses trop matures car leurs graines sont trop fermes, et éliminez la partie des tiges trop filandreuse.

Roquette

Salade de roquette à l'huile de noisette

••••

POUR 4 PERSONNES

1 scarole ou 1 batavia
30 à 50 feuilles de roquette
4 cuillerées à soupe d'huile de noisette
2 cuillerées à soupe de vinaigre de cidre
4 à 5 fleurs de mauve
Sel et poivre

• Lavez la salade et les feuilles de roquette. Égouttez l'ensemble. • Préparez la vinaigrette en mélangeant l'huile de noisette avec le vinaigre de cidre. • Salez, poivrez. • Mélangez le tout et ajoutez les fleurs de mauve en décoration sur le dessus.

Tarte au saumon et au pourpier sauvage

•••

POUR 6 À 8 PERSONNES

1 pâte feuilletée
300 g de saumon frais
300 g de pourpier sauvage frais
3 œufs
1 verre de lait
1 verre de crème liquide
Sel et poivre

• Préparez votre pâte feuilletée. • Faites revenir le saumon à la poêle avec un filet d'huile d'olive. • Lavez et égouttez le pourpier. • Étalez sur la pâte, préalablement disposée sur un plat à tarte, le pourpier frais et lavé. • Écrasez à la fourchette le saumon et dispersez-le sur le pourpier. • Mélangez à part les 3 œufs entiers, le lait et la crème liquide. • Salez et poivrez. • Versez la préparation sur le pourpier et le saumon. • Faites cuire à 220 °C durant 40 min.

Oseille et pissenlit : les rois de la prairie

LORSQUE VOUS RENCONTREREZ, dans une prairie ou à l'orée d'un bosquet, ou encore au milieu d'une friche ou d'une jachère, cette plante à feuilles oblongues, telle une grande gigue prête à mordre, ou bien cette large ombelle aux fragrances enivrantes, ne les méprisez pas, ne les détruisez pas... Saluez-les plutôt, en fredonnant, pourquoi pas ?, ce couplet, attribué à François Coppée, poète du XIXe siècle :

« Je suis l'oseille,
Digne compagne de l'œuf dur
Dans le fricandeau j'fais merveille
Et j'suis l'ami le plus sûr,
Car... j'suis l'oseille... »

Goûtez les pétioles et les jeunes feuilles de cette oseille sauvage facile à reconnaître qui pousse dans les terres un peu acides. Vous serez surpris par sa fraîcheur et son goût acidulé. Les enfants apprécient toujours beaucoup la saveur très particulière de cette plante. Elle peut d'ailleurs largement participer à leur éveil sensoriel. Combien de fois ai-je vu ainsi ma fille Delphine et son petit cousin passer des après-midi entiers à « chiquer » avec plaisir ses jeunes tiges. Aujourd'hui encore, lorsque nous accueillons une classe de jeunes enfants dans

Oseille sauvage

notre ferme de Sadirac, il est rare qu'ils ne soient pas attirés par le goût caractéristique de cette forme d'oseille sauvage. Ils apprécient son côté citronné et sa texture légèrement fibreuse qu'on peut mâchonner longuement, dans la chaleur des journées d'été. À mon avis, c'est un peu l'ancêtre du chewing-gum…

Il existe une autre plante sauvage, véritable compagne, que les enfants ont toujours beaucoup aimée : c'est le pissenlit. La magie de ses minuscules graines, accrochées à une sorte d'aigrette qui joue le rôle de parachute ascensionnel, me fascinait beaucoup dans mon enfance. Ce jeu tout simple, consistant à souffler sur la fleur de pissenlit, était empreint d'une grande poésie.

Cette si fragile fleur de pissenlit, qui profite du moindre souffle pour « semer à tout vent », est pourtant devenue, au XIXe siècle, un symbole fort et très populaire, celui des éditions Larousse.

Par ailleurs, cette plante était considérée comme « toute bonne ». Elle était parée — à juste titre — de toutes les vertus. C'est pour cela qu'on consommait ses feuilles, ses fleurs et même sa racine. De nombreuses propriétés curatives pour le foie, les intestins…, en fait pour l'ensemble du système digestif lui étaient attribuées du fait de son goût amer très caractéristique. Cette croyance en ses vertus à la fois dépuratives et stimulantes pour l'appétit était liée à la fameuse « théorie des signatures » qui fut très à la mode durant toute l'Antiquité et une large partie du Moyen Âge. Le principe en est le suivant : la Nature « signe », par une indication qu'il convient de reconnaître, les principales propriétés thérapeutiques d'une plante. La saveur amère, par exemple, signerait les propriétés digestives. Dans les campagnes, la mémoire collective est longtemps restée imprégnée de cette théorie ; c'est pourquoi la consommation de pissenlits était particulièrement recommandée, dès la fin de l'hiver et durant les longues périodes de Carême, son amertume permettant de se « purifier », de se « fortifier » à l'approche de l'été.

Mais le pissenlit n'était pas seulement apprécié pour ses feuilles qu'en dehors de la salade, nous cuisinions en soupe, omelette ou purée : nous appréciions aussi particulièrement ses boutons floraux d'un jaune intense. Ils étaient préparés sous forme de gâteaux, beignets, confitures ou même de « vin de pissenlit ». Pour faire celui-ci, il suffisait de cueillir d'énormes brassées de fleurs, dès la fin du mois de mars, puis de les mettre à fermenter dans un mélange d'eau, de sucre et de miel. Comme pour les vins de pêche ou de noix, cela tenait de l'alchimie, voire de l'élixir de sorcière… Mais tout le monde se régalait avec cette boisson à la profonde couleur d'ambre qui faisait très fortement penser à un vin liquoreux. Pourtant, il n'y avait pas un seul grain de raisin dans sa préparation et c'est d'ailleurs ce qui a fait tout son succès au moment de la crise du phylloxéra.

Ainsi, les fleurs de pissenlit occupaient une grande place dans notre cuisine sauvage parmi les boutons de scorsonères, de salsifis, les fleurs de bourrache, sans oublier les fleurs de sureau et d'acacia qui représentaient le nec plus ultra.

Un certain goût pour l'amertume

Malgré l'importance de la consommation de sucre aujourd'hui, le plaisir suscité par le caractère amer de certains aliments reste vivace. On peut constater ce phénomène avec la consommation de jeunes artichauts, d'asperges, de fèves, de chicorées et… de pissenlits, qui reviennent fréquemment sur nos marchés. On le perçoit aussi dans la consommation du chocolat ou du café.

Les nombreuses propriétés du pissenlit

Le terme de pissenlit est lié à ses vertus diurétiques. C'est également une plante antiscorbutique, tonique, stomachique et antiputride. Ses nombreuses qualités nutritives sont aptes à renforcer l'immunité naturelle. Ses feuilles sont riches en caroténoïdes, vitamines A, B, C, D, fer et potassium. Quant à sa racine, elle contient de l'inuline, des glucosides, des vitamines A, B2 et C ainsi que du potassium.

Blanquette à l'oseille, façon grand-mère

•••

Pour 4 personnes

1 kg d'épaule de veau (en gros cubes)
200 g d'oseille
2 oignons
1 carotte coupée en dés
25 cl de bouillon de viande
40 g de beurre
2 cuillerées de farine
60 g de crème fraîche
1 jaune d'œuf

• Dans une cocotte en fonte, faites revenir le veau avec le beurre. • Ajoutez les dés de carotte et les rondelles d'oignons. • Saupoudrez de farine dès que la viande est bien dorée. • Salez, poivrez. • Mouillez avec le bouillon de viande. • Ajoutez l'oseille, après l'avoir bien équeutée. • Faites mijoter 30 min à feu doux. • Ôtez les morceaux de viande et placez-les au centre d'un plat. • Dans un bol, délayez le jaune d'œuf avec un peu de jus de cuisson. • Hors du feu, liez ce fond de sauce avec le reste de la préparation. • Nappez la viande et servez chaud avec quelques pommes de terre vapeur.

Salade de boutons de pissenlit aux lardons

•••

Pour 4 personnes

1 laitue sucrine
20 feuilles de pissenlit
20 boutons de fleurs de pissenlit
4 cuillerées à soupe d'huile d'olive
2 cuillerées à soupe de vinaigre d'estragon
100 g de lardons nature
Sel et poivre

• Lavez votre laitue ainsi que les feuilles de pissenlit et égouttez-les. • Mélangez dans votre saladier l'huile d'olive et le vinaigre d'estragon. • Salez, poivrez et dressez votre salade. • Équeutez les boutons de pissenlit et rincez-les délicatement. • Faites revenir les petits lardons à la poêle avec un filet d'huile. • Ajoutez en milieu de cuisson les boutons. • Au moment de servir, disposez l'ensemble sur votre salade.

Sureau et acacia : des fleurs en beignets

Au registre « Cuisine des fleurs », ma grand-mère affectionnait tout particulièrement deux recettes : les beignets de fleurs de sureau et les beignets de fleurs d'acacia.

Dès les premiers jours de mai, quand les pollens commençaient à devenir envahissants, nous allions cueillir ces fleurs pour les cuisiner et mieux profiter ainsi de leur parfum enivrant. C'était, comme pour l'ortie, le pissenlit ou les mûres, un point de rendez-vous obligé, une sorte de rituel qui avait lieu, en général, un samedi en fin de journée.

Nous possédions un grand sécateur qui servait aussi pour ramasser le tilleul et qui était emmanché sur un long morceau de bois. Il nous permettait, lors de notre récolte en bordure de forêt, de couper les meilleures branches. Comme nous étions nombreux et que ces recettes étaient très appréciées, nous choisissions les fleurs les plus volumineuses.

Le lendemain matin, il régnait chez nous la même ambiance que pendant la Chandeleur : la cuisine baignait dans un doux parfum de sucre, de farine et de fleurs. Et je me revois, enfant, tournant autour de la table pour grappiller quelques ombelles de sureau : c'était et c'est toujours ma recette préférée.

Fleur de sureau

Attention : il y a sureau et sureau !

Le vrai, le bon sureau noir est un arbre pouvant atteindre plus de 10 m de haut. Sa moelle est blanche et tendre. On utilise ses branches pour fabriquer des flûtes, des sarbacanes et des « buffadous » qui permettent d'attiser le feu. Le sureau perd ses feuilles en hiver. Comme toutes les plantes rudérales, il affectionne les décombres des maisons. Il fleurit au mois de mai et fructifie en août. Les ombelles sont comestibles ainsi que les baies qui sont aussi très appréciées par les oiseaux. Elles peuvent être cuisinées en compote, gelée, confiture ou tarte. Le sureau toxique, nommé sureau yèble (ou hièble), est une herbe qui adore les zones humides. Il disparaît chaque hiver, pour ne repousser qu'au printemps. Il ne fait donc pas de bois et porte des fruits dressés en hauteur qu'il ne faut surtout pas ramasser.

Beignets de fleurs d'acacia (ou de sureau)

• • •

Pour 6 personnes

16 grappes de fleurs bien odorantes
1 bol de sucre en poudre
240 g de farine
1 pincée de sel
2 œufs
1 bière blonde

• Dans un saladier, versez 240 g de farine. • Faites un creux au milieu et versez-y l'œuf entier, le sel et le sucre. • Ajoutez peu à peu la bière, jusqu'à obtenir la consistance d'une pâte très liquide. • Préparez une friture (6 mm d'huile dans une poêle). • Quand celle-ci est frémissante, trempez une à une les grappes de fleurs, par la queue, dans la pâte, puis dans la friture. • Retirez-les lorsque la pâte est croustillante. Attention, cela va très vite ! • Saupoudrez de sucre et servez chaud ou froid.

Soupe de fruits rouges à la fleur de sureau

• • •

Pour 4 personnes

500 g de fraises
100 g de framboises
100 g de cassis
3 grappes de fleurs de sureau
Sucre de canne

• Faites infuser deux ombelles de fleurs de sureau dans deux verres d'eau et réservez. • Équeutez et rincez les fraises. • Mélangez les fruits dans un saladier avec l'infusion. • Sucrez à votre convenance et égrappez sur le dessus quelques petites fleurs de sureau qui vont dessiner une constellation. • Servez frais.

Un régal de roses, de "gratte-cul" et de mûres

DANS NOS PLAISIRS DE CUEILLETTE, les fleurs des nombreux rosiers sauvages qui poussaient tout autour de la ferme avaient une place de prédilection. Durant les beaux jours, ils débordaient de végétation. On avait beau les tailler régulièrement, ils repartaient de plus belle et donnaient de magnifiques roses, un peu claires, pas très grosses mais pleines de parfums. Lors des « grands jours », ma mère en profitait pour préparer d'excellents desserts, tout simples, dont elle avait le secret. Car elle le savait bien : les roses sont parfaitement comestibles ; il faut cependant connaître les pratiques du jardinier et tout particulièrement les éventuels produits qu'il utilise contre les pucerons ou le mildiou.

Mûre

Lors de ces fameux « grands jours », nous allions cueillir une quinzaine de fleurs de ces rosiers si pleins de vie en prenant toutefois quelques précautions que nos parents nous rappelaient à chaque fois. Tout d'abord, il fallait toujours taper du pied et faire suffisamment de bruit pour éloigner les éventuelles vipères qui pouvaient se trouver au pied des rosiers. Et surtout, il ne fallait jamais tout ramasser mais, au contraire, répartir la cueillette sur plusieurs pieds : cela permettait d'équilibrer la pousse et de récolter plus facilement les fruits à l'automne.

Le fruit du rosier sauvage : le « gratte-cul »

Appelé aussi églantine ou cynorhodon, ce petit fruit est rempli d'un duvet jaune pâle, qui lui vaut son surnom. Autrefois, il était utilisé comme poil à gratter. Pour les nuits de noces, il permettait de faire des plaisanteries plus que douteuses !

C'est, de très loin, la plante la plus riche en vitamine C : le cynorhodon en contient quarante fois plus que l'orange. Par ailleurs, il a de nombreuses propriétés : diurétique, sédatif, dépuratif et tonique.

De tout temps, il a été préparé en infusion, sirop, gelée, confiture, boisson et même soupe. Pour les enfants, les « gratte-cul » servaient autrefois de perles, pour faire des colliers !

Les fruits sauvages de l'automne

Au fur et à mesure que l'été avance et que les grosses chaleurs s'estompent, les pruniers sauvages, les sureaux, les ronces et les rosiers se mettent à fructifier. Les bordures de champs et de haies deviennent alors de vrais « garde-manger » : la saison des confitures commence…

Celle-ci débutait avec les prunelles et je me souviens encore des précautions qu'il fallait employer pour ces récoltes. Les arbres étaient couverts d'épines, ce qui rendait la cueillette toujours délicate, mais nous avions la promesse de goûter ensuite de merveilleuses confitures. Après ces premières cueillettes, au début de l'hiver, ma mère préparait des gelées de « gratte-cul » à se mettre à genoux !

Pour cueillir les fruits de ces rosiers sauvages, il ne fallait pas être pressé et, au mieux, attendre les mois de novembre ou décembre. En effet, la confiture était bien meilleure après que les baies aient subi les premiers frimas. Dans nos campagnes, on disait que « la queue du renard devait être gelée trois fois ».

De nos jours, les cueillettes des fruits sauvages, prunelles, mûres ou « gratte-cul » comme celles des champignons ou encore des châtaignes restent malgré tout très vivaces dans nos campagnes, même si elles ne font plus partie, comme dans mon enfance, du quotidien. J'espère cependant que ces gestes perdureront et que cette évocation de mes souvenirs vous donnera envie de vous arrêter en bordure d'une haie ou d'une route, simplement pour cueillir et goûter ces fruits de l'automne, en veillant s'il vous plaît à respecter les lieux et à ne pas tout ramasser !

Confiture de prunelles sauvages

•••

Ingrédients (pour 6 pots)

500 g de prunelles
500 g de sucre
2 bons verres d'eau
1/4 de gousse de vanille
1 bloc de paraffine

• Dénoyautez les prunelles. • Dans une bassine à confiture, portez à ébullition l'eau et les prunelles. • Laissez cuire à feu doux 5 min. • Ajoutez le sucre et la vanille. • Faites cuire en remuant régulièrement une bonne demi-heure. • Goûtez et laissez refroidir une cuillerée de confiture. • Lorsque celle-ci commence à se solidifier, la cuisson est terminée. • Retirez le bâton de vanille et versez la confiture à la louche dans les pots jusqu'à 1 cm du bord au maximum. • Laissez refroidir. • Faites fondre à feu doux la paraffine. • Versez-la sur la confiture et laissez refroidir.

Autrefois, pour conserver les confitures, on utilisait à la place de la paraffine des ronds de papier sulfurisé trempés dans de l'eau-de-vie ou du rhum.

Clafoutis aux mûres sauvages

•••

Pour 6 personnes

450 g de mûres sauvages
75 g de farine
50 g de sucre en poudre
1 œuf entier
30 cl de lait
1 sachet de sucre vanillé
1 cuillerée à soupe de rhum
1 pincée de sel
1 noisette de beurre

• Disposez les mûres dans un plat à tarte préalablement beurré. • Dans un saladier, mettez le sucre en poudre, le sucre vanillé, l'œuf et le sel dans un puits au centre de la farine. • Ajoutez petit à petit le lait tout en tournant avec une cuillère en bois pour délayer l'ensemble. • Ajoutez le rhum. • Versez ce mélange sur les mûres et faites cuire à four chaud durant 40 min à 210 °C.

Gâteau au yaourt et aux pétales de rose

• • •

POUR 5 À 6 PERSONNES
1 yaourt nature
3 œufs entiers
2 pots à yaourt de sucre blanc
1/2 pot à yaourt d'huile
Le volume de 3 pots à yaourt de farine de blé
1 sachet de levure
1 sachet de sucre vanillé
15 roses anciennes très odorantes

• Prélevez les pétales des roses. • Mélangez dans un plat creux le yaourt, les 3 œufs, le sucre, le sachet de sucre vanillé, l'huile. • Ajoutez délicatement la farine ainsi que la levure. • Incorporez les pétales des roses. • Versez la préparation dans un moule à gâteau beurré. • Mettez à four chaud. • Laissez cuire 40 min à 180 °C.

L'ALIMENTATION TRADITIONNELLE, *typique des campagnes pauvres vivant en autosubsistance, possédait trois caractéristiques : elle accordait une grande place aux végétaux (céréales, légumes et fruits) ; elle bénéficiait des bienfaits des variations imposées par les saisons ; elle était centrée sur les légumes dits autochtones, c'est-à-dire du terroir donc frais et de qualité. Une telle alimentation était un des fondements des identités paysannes : c'était « un peu de pays que l'on dégustait ». On s'y enracinait ainsi un peu plus. En cueillant et en grignotant les premières pousses de printemps, les fleurs de la campagne et les fruits de l'automne, on absorbait un peu de sève et de vie. Avec la nature s'instaurait ainsi une sorte de dialogue et une communion constante. Ce lien essentiel s'exprimait tout particulièrement dans le respect voué au potager. Chaque ferme, chaque maison avait le sien, jusque dans les villes où se multiplièrent au* XIXe *siècle les jardins ouvriers. Ces lieux demandaient beaucoup de présence et tout le monde aimait s'y retrouver pour partager la joie du travail bien fait, du légume naturel et la promesse d'un repas agréable. C'était de vrais « potagers de grands-mères »…*

Une année au potager

Bette à queue rouge

Les légumes de grands-mères

Les bases de notre alimentation se sont constituées au néolithique, il y a 5 000 à 8 000 ans, autour de la production de blé, de millet ou de froment. L'organisation de l'agriculture et les premiers échanges commerciaux sur le pourtour méditerranéen ont ensuite permis la généralisation de cultures comme celles du pois chiche, de l'olivier, de la vigne ou du palmier dattier. Les légumes et les végétaux ont commencé à voyager.

Le voyage des espèces et des variétés

En Aquitania, avec la colonisation romaine, il semblerait qu'on ait vite appris à cultiver aussi bien les lentilles, les fèves, les lupins, l'oignon que la vigne, l'orge ou le froment. Ces nouveaux végétaux sont venus bouleverser les habitudes et remettre en question la consommation des choux sauvages, comme le crambé maritime ou le chou perpétuel, des radis, des vesces, des engrains, comme celle des fruits des bois et surtout des « herbes à pot » que, pourtant, les Romains appréciaient particulièrement et appelaient déjà des « verdures ».

Au fil des siècles, des sélections ont été effectuées afin d'obtenir de plus beaux légumes. Dans la Rome antique, les agriculteurs connaissaient parfaitement les principes de la sélection variétale et la greffe des arbres fruitiers. Ensuite les Vandales ou les Huns nous ont légué les premiers pommiers sauvages et les Arabes nous ont apporté de nombreuses coloquintes ainsi que les haricots doliques (les « mongettes »).

L'époque carolingienne et la construction des premiers monastères bénédictins marquent une nouvelle étape dans l'alimentation et l'agriculture. Le *Capitulaire de Villis* (vers 795), premier véritable livre de jardinage, donne aux moines défricheurs la liste des espèces à cultiver ainsi que les principales indications agronomiques. À la suite des premières expéditions de Marco Polo, le sarrasin et les épinards sont apportés d'Asie centrale par la route des épices. Mais c'est surtout en 1492, avec Christophe Colomb et la découverte des Amériques, que les nouveaux apports vont se multiplier. Sous le contrôle exclusif des royaumes européens, le grand voyage des légumes et des végétaux s'accélère, tout comme le développement des empires coloniaux. La découverte du Nouveau Monde est aussi celle d'un nouvel univers végétal : pomme de terre, tomate, maïs, poivrons, gros haricots, citrouille et autres courges.

Toutefois, ces différentes introductions dans notre alimentation se sont faites beaucoup plus lentement qu'on pourrait le penser. En effet, la tomate comme la pomme de terre ont été longtemps considérées comme des végétaux toxiques et dangereux. Il faudra attendre l'appui de scientifiques comme Parmentier, du pouvoir royal sous Louis XVI et surtout les événe-

Pommes de terre et tomates : une révolution dans les comportements alimentaires

Jusqu'au XVIIIe siècle, on considérait le légume dans sa globalité : c'était une bonne ou une mauvaise plante. Ainsi, le chou, le pissenlit, le radis, le maceron ou la scorsonère étaient utilisés plusieurs fois : on consommait les feuilles, les fleurs, les racines ou encore les graines. Ce qui restait pouvait même être donné aux animaux. Mais, avec la pomme de terre et la tomate, ce ne fut pas possible, car il s'agit de plantes dangereuses. En effet, aussi paradoxal que cela puisse paraître, ces végétaux issus de la même famille botanique sont particulièrement toxiques. À l'exception de ses tubercules pour la première et de ses fruits pour la seconde, tout le reste de la plante n'est pas comestible. D'autre part, ce ne sont pas des aliments panifiables alors que le pain occupait une place essentielle dans l'alimentation ancienne. Enfin, la superstition était grande au sujet des racines et des tubercules : comme ils poussaient dans la terre, ils représentaient le diable et les ténèbres. Ils étaient donc réservés aux pauvres et aux indigents.

ments de 1789 pour que les mouvements de population, l'engouement populaire et les difficultés alimentaires parisiennes permettent à la pomme de terre de devenir un légume à la fois « égalitaire » et « patriotique ».

La naissance des terroirs

Avec la révolution industrielle et le chemin de fer il devient indispensable de produire davantage, de structurer et de spécialiser les cultures. Les paysans, habitués à produire « un peu de tout », vont apprendre à mieux sélectionner leurs productions locales pour répondre à une demande spécifique. On assiste à la multiplication des variétés, à la naissance des terroirs et de la gastronomie française. C'est ainsi que se développent les grands grainetiers, comme Andrieu-Vilmorin ou Clause. Ils assurent la diffusion de ces nombreuses variétés locales, le plus souvent autofertiles. Par ailleurs, les expérimentations et les publications se multiplient. Toutes ces initiatives aboutissent, en 1892, à l'édition du *Potager d'un curieux*, écrit par deux personnalités de l'époque, Auguste Pailleux et Désiré Bois.

La diversité des variétés locales, les productions de confort, vendues sur les marchés de proximité, et les cultures spécialisées, plus ou moins intensives, ont ainsi permis l'expansion économique de la France durant plus d'un siècle. Mais ce système agronomique diversifié disparaîtra dans les années 60, avec l'avènement des cultures industrielles et la sélection variétale des semences.

LE XIXe SIÈCLE : LE RÈGNE DE LA BIODIVERSITÉ VÉGÉTALE

Durant cette période, les pouvoirs politiques, économiques, scientifiques et ruraux ont été orientés vers l'effort de multiplication et de vulgarisation : les sociétés d'horticulture, d'acclimatation et linnéennes se sont multipliées, ainsi que les parcs botaniques et les jardins publics. On a alors assisté à une plus grande création variétale, aussi bien pour les fruits que pour les légumes. La biodiversité s'en est trouvée mieux diffusée. Chaque village, chaque vallée, chaque pays, chaque région maraîchère a sélectionné en fonction de son terroir ses propres cultures. Ce qui a donné lieu à une prolifération de nouveautés : la rose de Benauge, le haricot tarbais, la citrouille d'Eysines, le potiron vif d'Étampes, le radis de Bègles, la reinette de Parthenay ou la fraise de Pessac.

Les effets pervers de la course au rendement

Mais les trois grandes guerres ont eu de lourdes conséquences, particulièrement la dernière et la débâcle de 1940. La période de disette qui a suivi, l'important marché noir qui s'est instauré et surtout les tickets de rationnement, qui ont perduré jusque dans les années 50, ont marqué la politique agricole pour plusieurs générations. L'indépendance alimentaire puis la mise en place de productions agricoles exportatrices sont devenues des enjeux politiques majeurs pour tous les gouvernements.

Avec le développement des transports routiers et des échanges mondiaux, ces nouvelles orientations ont entraîné l'industrialisation de l'agriculture, la généralisation du machinisme agricole, une forte progression des rendements et une spécialisation de plus en plus grande des exploitations. Ces phénomènes ont ensuite été amplifiés par la standardisation marchande, la concentration des circuits commerciaux et la généralisation des exportations lointaines. La recherche agronomique a été organisée pour répondre aux attentes des distributeurs et aux besoins d'une production intensive : l'homogénéisation des calibres et des récoltes, l'apparence des produits, la durée de conservation et les volumes ont constitué des priorités. On est ainsi arrivé à ne trouver sur nos linéaires que des légumes parfaitement réguliers, produits en toutes saisons et ne pourrissant jamais.

Parallèlement à ces mutations, la société rurale et agricole a profondément changé. La connaissance intuitive et expérimentale du milieu a laissé la place aux technologies agronomiques des « filières ». Les « nouveaux paysans » ont été entraînés dans la course aux rendements. La mutation a été si brutale qu'ils ont dû faire table rase du passé. Les plantes compagnes sont alors devenues de vulgaires mauvaises herbes.

Ce bouleversement a entraîné l'élimination de toutes les espèces et variétés de légumes trop confidentielles, hors normes, mal calibrées, à faible rendement ou durée de conservation insuffisante. C'est ainsi que de nombreuses recettes et savoir-faire locaux ont été jetés aux oubliettes.

LE XXe SIÈCLE : ÉPOQUE DE LA SÉLECTION VARIÉTALE

Afin d'obtenir l'adhésion des distributeurs et la professionnalisation des maraîchers, la majorité des pays industrialisés a organisé le marché des semences à partir des années 50. Pour améliorer la productivité, il était indispensable d'effectuer un tri parmi les milliers de variétés locales. On a donc seulement autorisé la commercialisation des principales variétés identifiées, répertoriées et inscrites à l'inventaire général des semences. Les résultats ne se sont pas fait attendre : les catalogues de graines ont diminué de volume, comme des peaux de chagrin, et de nombreuses sélections locales ont disparu des documents officiels et des circuits de vente. Heureusement, ces variétés étant toujours autofertiles, quelques réseaux de jardiniers amateurs, passionnés de potagers, ont su sauvegarder certains spécimens.

Une nouvelle prise de conscience

Comme dans le cas des plantes sauvages, la disparition des espèces et variétés anciennes de légumes représente une perte fondamentale : scientifique, botanique, mais aussi culturelle car elle creuse l'écart entre l'homme et son environnement naturel.

Heureusement, depuis une vingtaine d'années, une réelle prise de conscience est apparue et ces phénomènes ont tendance à s'inverser. Sauvegarde et préservation du patrimoine génétique et des végétaux sont des préoccupations nouvelles. Par ailleurs, le souci d'une alimentation naturelle et d'une valorisation des pays revient régulièrement à la une de l'actualité. Même si elles sont encore marginales, ces évolutions suscitent aujourd'hui de nombreuses initiatives (*cf.* adresses page 146). De même que l'intérêt pour l'agriculture biologique annonce un renouvellement profond des techniques agronomiques, le retour des variétés anciennes et des espèces autochtones correspond à un souci de sauvegarde de la vie comme de l'environnement, et à un projet d'agriculture durable.

Par bonheur, la connaissance de tous ces légumes anciens et des variétés locales n'a pas complètement disparu : il suffit de faire goûter, dans notre « Musée gourmand », une quiche aux topinambours ou une confiture de tomates vertes, pour prendre conscience de l'importance de cette « mémoire verte » lorsque remontent les souvenirs d'enfance et de jardins de grands-mères.

L'agriculture biologique

Cette technique agricole est fondée sur trois grands principes :
— la limitation des apports extérieurs (engrais, fongicides, produits de traitements…) ;
— le respect des sols, des écosystèmes et des grands équilibres agronomiques ;
— et surtout l'absence totale d'éléments chimiques ou de molécules de synthèse.
Respectueuse de la vie et de l'environnement, l'agriculture biologique exige un engagement important qui implique le plus souvent une longue période de reconversion. Celle-ci peut varier de 2 à 4 ans selon les cultures et les circonstances. Il s'agit d'un « signe de qualité certifié ». Toutes les exploitations sont donc contrôlées au moins une fois par an et dans les moindres détails par un organisme extérieur indépendant. En cas de fraude ou de non-conformité, les sanctions sont importantes et l'autorisation de mise en marché peut être suspendue du jour au lendemain.

COMBIEN DE FOIS AI-JE ENTENDU « Mange ta soupe et tu grandiras... » lorsque j'étais enfant ! Il y a seulement vingt ou trente ans, la soupe, le potage étaient en effet une pratique alimentaire quotidienne dans nos campagnes. Pour mon père par exemple, un bon repas était inconcevable sans une soupe bien chaude. Et pour faire une bonne soupe, un bon potage, il était indispensable d'avoir un beau potager, capable de nourrir toute la famille et les proches, avec quantité de bons légumes.

À Sadirac, dans ma famille, cette tradition était tellement forte que nous possédions trois potagers ! Chacun d'entre eux avait sa fonction, son utilité et constituait une sorte d'œuvre collective où tout le monde trouvait sa place...

Un petit coin de potager...

Le premier potager se situait en bordure de notre maison, à proximité de la cuisine. Il était minuscule, mais particulièrement bien exposé : plein sud, à l'abri du vent, en bordure d'un mur, dont il profitait de toute la réverbération. Il avait été aménagé depuis très longtemps, avec une bonne terre, bien noire, légère et riche en humus. C'était l'endroit idéal pour faire quelques cultures sous châssis, semer les premiers radis ou planter, à la Chandeleur, les pommes de terre de types sirtema ou belle-de-Fontenay. Le long du mur, ma mère avait semé son carré de persil, de tétragone, bouturé sa menthe et repiqué deux pieds de verveine. Ce potager avait un caractère anecdotique, un peu comme un jardin d'hiver. Tout y était minuscule et méticuleux, mais on y trouvait toutes les herbes, salades et condiments indispensables à une bonne cuisinière. Par son caractère soigné, il faisait la fierté de ma mère que j'accompagnais volontiers, du haut de mes 5 ou 6 ans, lorsqu'elle le travaillait. Elle me réservait toujours un petit coin pour semer trois radis, planter quelques échalotes ou simplement jouer aux billes…

« Légumes primeurs » :
une expression en voie de disparition

Cette expression qualifie toutes les récoltes qui arrivent avant la période normale de production. Elle traduit bien le besoin de renouveau qui, pendant des siècles, a prévalu. Souvent, en effet, dès le mois de février, les stocks de céréales, de châtaignes ou de pommes de terre étaient épuisés. Sans congélateur, ni marchés de gros, nos ancêtres vivaient et s'alimentaient au rythme des récoltes. Les premiers légumes étaient donc attendus avec beaucoup d'impatience.
Aujourd'hui, on achète la même variété de tomate en toutes saisons, sans connaître ni le cycle des récoltes, ni celui des variétés. Cette expression de « primeur » risque donc de tomber en désuétude…

Le jardin des primeurs

Le deuxième potager avait une vocation commerciale et un caractère plus professionnel. Situé à un peu plus d'un kilomètre, au lieu dit « La lande », sur la commune voisine de Saint-Caprais de Bordeaux, il faisait partie de la propriété de mes grands-parents paternels. D'une superficie importante, il présentait l'avantage d'être situé au milieu des vignes, sur un terrain plat, facilement accessible. Le lieu était « chaud », naturellement drainé et la terre légère, facile à travailler.

C'était le jardin des « primeurs ». La qualité du sol nous permettait de réaliser les semis en tout début de saison. Nous arrivions à obtenir des récoltes volumineuses et précoces, qui étaient facilement vendues sur les marchés de Bordeaux, par l'intermédiaire d'un mandataire voisin. Mon père faisait les travaux les plus pénibles et ma mère préparait ses semis, s'occupait de toutes les récoltes et même de leur commercialisation. Il s'agissait d'un travail de professionnels où ma sœur et moi-même n'intervenions que rarement.

Le potager des conserves

Quant à notre troisième potager, il se trouvait à l'entrée de la ferme, à l'emplacement actuel de notre conserverie. D'une dimension importante, il était situé sur une terre argileuse, difficile à cultiver. C'était le jardin familial, le jardin des conserves, des provisions et de la vente à la ferme. Compte tenu de sa taille, il exigeait des moyens mécaniques importants et tout le monde participait à la fois aux semis, aux plantations et aux récoltes, surtout pour les pommes de terre, les haricots et les tomates.

Pour les paysans que nous étions, ce potager était véritablement un lieu de vie, où l'on commençait et terminait le plus souvent la journée. C'était aussi un lieu de rendez-vous. On ne comptait pas son temps et on était capable de faire plusieurs choses à la fois : récolter les fèves, garder le petit et discuter ou papoter. Bien sûr le travail était pénible, mais il y avait tellement de liberté, d'autonomie et de responsabilité qu'il en devenait agréable.

Dans notre ferme, le potager était le trait d'union, le lieu de partage et de collaboration des trois générations qui vivaient ensemble. Les personnes âgées y gardaient toute leur place et leur dignité. Je me souviens encore de ma grand-mère Odette

qui, au soir de sa vie, à près de 85 ans, était capable de biner un rang de tomates pendant tout un après-midi. Elle n'entendait et n'acceptait aucune remarque. Le soir, lorsqu'elle s'asseyait, manifestement éreintée, on sentait dans son regard l'immense satisfaction du travail bien fait et de la juste considération qui l'accompagnait.

Le potager n'a jamais été un jardin comme les autres. C'est un espace où la vie n'attend pas. Le temps rythme les travaux : l'homme est au cœur du cycle végétal et, lorsque le jardin est important, les tâches sont multiples et variées. Chaque moment, chaque période a ses contraintes et, dans la majorité des cas, il est impossible de revenir en arrière. Si une culture échoue, on doit attendre l'année suivante pour recommencer.

Le potager : un lieu d'identité et de communauté

Dans les années 60, nous étions très nombreux à nous retrouver autour de notre potager. La terre, l'entretien et les légumes, tout était en commun. Il faut dire qu'avec 200 m de rangs de tomates et cinq fois plus de pommes de terre, l'abondance était au rendez-vous : il y en avait pour tout le monde ! Les récoltes se faisaient dans une ambiance familiale et une convivialité très bon enfant. Toute la famille, enfants, parents, grands-parents…, mais aussi les ouvriers agricoles, les amis et les voisins se retrouvaient pour ces journées de fêtes qui se terminaient souvent par un bon repas ou une partie de cartes. À cette époque-là de l'année, chaque ami ou simple visiteur repartait avec quelques oignons, salades ou haricots, toujours généreusement offerts.

Le potager était un bon moyen de faire partager sa passion, de confronter son expérience et ses méthodes de travail, et d'avoir toujours quelques légumes frais sous la main.

Histoire du mot « potager »

Au fil des siècles, en tournant autour du « pot », on a commencé à parler d'« herbes à pot », puis de « potage ». Ce terme n'apparaît qu'à partir du XIIIe siècle, pour désigner un plat complet essentiellement à base de légumes, qu'on appellerait aujourd'hui une potée. Le terme de « potager » a commencé par qualifier l'emplacement où mijotait doucement le pot.
Par extension, il s'est appliqué au lieu où l'on cultivait les « meilleures herbes », en l'occurrence « le jardin vivrier » ou le « courtil ». Ce n'est qu'à la fin du XVIIe siècle, avec Jean de La Quintinie et Louis XIV, qu'on a commencé à utiliser cette expression pour parler de « jardin potager ». Toutefois, celle-ci n'est vraiment passée dans le langage courant qu'à la fin du XIXe siècle.

Au printemps : les légumes feuilles

Pour réussir son année au potager, il faut s'y prendre tôt et commencer par profiter de la saison froide pour bien préparer ses semis. L'hiver…, dans mes souvenirs, c'était le meilleur moment. Une période où mon père était très disponible. Comme la nuit tombait vite, il rentrait tôt le soir et nous avions alors tout le loisir de pratiquer des jeux, aujourd'hui totalement désuets : nous jouions aux dames, aux petits chevaux et même au nain jaune. Dans la journée, il profitait des quelques heures de soleil pour labourer et amender les sols avec un fumier généreux, semer la moutarde ou les vesces, organiser ses assolements tout en attendant des jours plus cléments… Dans notre région du Bordelais, où nous connaissons souvent des hivers très pluvieux, il fallait en effet attendre que les terres « s'essuient » pour nettoyer les « règes » de topinambours, de navets ou de panais et, d'une manière générale, faire table

Blette à carde rouge

rase de toutes les cultures précédentes, à l'exception des choux et des blettes que mon père conservait précieusement.

Broutes, blettes et fèves : les nouvelles récoltes du jardin

DÈS QUE LES PREMIERS RAYONS DE SOLEIL apparaissaient, je comprenais vite que les travaux agricoles venaient de reprendre. Toute la famille était occupée à l'extérieur et mon père s'absentait de plus en plus. C'était l'époque où il lui arrivait de rentrer en fin de journée, très fier, avec de grandes brassées de boutons de scorsonères ou de « broutes ». Cette expression, typique du Bordelais, désigne les inflorescences de choux. Nous consommions ces broutes selon une vieille recette de nos campagnes. C'était à la fois une façon d'utiliser ce qui restait des derniers choux d'hiver et de profiter des premiers signes du printemps. Aujourd'hui, avec mon épouse Isabelle, nous maintenons cette tradition. En les ramassant, dès le mois de mars, nous entrons de plain-pied dans le printemps. Nous les faisons bouillir et les préparons à la vinaigrette ou en sauce ravigote, avec quelques cornichons et des œufs durs : c'est vraiment délicieux ! Notez que, pour récolter ces inflorescences, il faut les casser entre le pouce et l'index juste au-dessus de la partie ferme de la tige.

Mais les boutons de scorsonères ou de salsifis étaient aussi très appréciés. Un peu comme pour les choux, nous les récoltions sur les pieds qui n'avaient pas été arrachés et qui commençaient à monter en graine. Ils pouvaient être

Boutons de scorsonères

préparés aussi bien en vinaigrette que frits dans un fond de graisse d'oie ou cuisinés, comme en Périgord noir, en omelette, au creux d'une grande poêle.

Ces deux plantes étaient connues et appréciées depuis l'Antiquité et on leur accordait de nombreuses vertus. Aussi bien Olivier de Serres que La Quintinie les considéraient comme un héritage très ancien. De plus, elles présentaient l'avantage de pouvoir être « consommées plusieurs fois » : dès le début de l'été, on appréciait leurs jeunes feuilles encore tendres ; ensuite, on consommait leurs racines ; enfin, si par hasard il restait quelques pieds en bout de rangs, on se régalait avec les boutons floraux. Rien n'était perdu et rien n'était jeté.

Scorsonères

Un peu dans le même esprit, nous finissions de ramasser les blettes qu'on appelait chez nous bettes à cardes, joutes ou poirées, suivant une logique qui m'échappait totalement. Même grand, je n'y comprenais toujours rien et croyais à chaque fois qu'il s'agissait d'un légume différent. Ma mère blanchissait les cardes à l'eau bouillante avant de les cuisiner dans un jus de viande. Comme rien ne se jetait, toute la partie feuillue était destinée à nourrir le poulailler. Mais, maintenant que leurs propriétés nutritives ont été démontrées, nous préférons cuisiner les feuilles entières en les préparant, par exemple, avec un peu de crème fraîche.

Les fèves étaient elles aussi un des premiers légumes de printemps. Il fallait profiter de quelques jours de beau temps pour préparer la terre et semer une longue « rège ». Ce légume fort ancien, apprécié depuis l'Antiquité, était encore très consommé dans notre région. Nous avions quasiment

Pour la forme et la santé : la blette à cardes

La blette ou bette est originaire d'Europe. Elle est issue, comme la betterave, de la bette maritime, plante sauvage qui pousse sur nos côtes atlantiques et méditerranéennes. Très prisée depuis l'Antiquité (elle est mentionnée dès 800 avant J.-C.), elle fut appelée « épinard romain ». Elle était préparée aussi bien en soupe qu'en purée, d'où son appellation de « poirée ». Ce sont surtout son pouvoir laxatif et adoucissant ainsi que sa grande teneur en fer, en vitamines A, C et B2 qui font tout son intérêt.

autant de joie à ouvrir les gousses et à dégager les jeunes fèves qu'à les consommer à la croque-au-sel, en ragoût ou en potage pour les plus grosses. Mon père en raffolait. Pour lui, il n'y avait pas de bonne soupe sans une grande quantité de fèves dedans, de préférence non pelées. Elles apportaient une couleur brunâtre qu'on considérerait aujourd'hui comme peu appétissante, mais qui sans nul doute certifiait l'authenticité de la recette.

Petits pois, arroches et tétragone

Entre deux giboulées de mars, le potager n'attend pas. Il faut faire vite : préparer toutes les terres et réussir les semis. Après les petits pois, mes parents semaient les haricots, les courges et les tomates. Ils devaient aussi mettre en place les pommes de terre, les salades et tous les légumes feuilles, comme les épinards, l'arroche ou la tétragone. Les journées étaient trop courtes, d'autant que ce n'était pas leur seule activité. Ils devaient aussi s'occuper de leurs vignes, du bétail et des céréales.

Heureusement nous avions ensuite la satisfaction de voir nos différents jardins « exploser ». Quel plaisir que de sentir la vie s'installer : de voir la terre se craqueler, une petite graine germer et une pousse grandir pour se développer, le plus souvent, dans une végétation luxuriante. Nous avions aussi la joie de grignoter, dans le champ, les premiers petits pois « serpette », mais il fallait en garder pour préparer l'« omelette pascale ». Ce moment était tellement important pour ma mère que, lorsque Pâques arrivait trop tôt en saison, elle n'hésitait pas à prendre ses précautions. Dès la Sainte-Catherine, en novembre, elle semait des variétés spécifiques comme le « pois Michaux ».

Parmi les premiers légumes du jardin, il y avait aussi tous nos « épinards », en particulier les arroches blondes ou rouges qui apportaient une note de couleur et de beauté tout à fait singulière. Ces végétaux poussent rapidement et sont faciles à ramasser. Nous les cuisinions exactement de la même façon que les épinards classiques, tout comme d'ailleurs la tétragone.

Celle-ci était située contre le mur de notre jardin d'hiver, si bien qu'elle était devenue vivace et qu'il n'était pas nécessaire de la ressemer. Appelée aussi « épinard de Nouvelle-Zélande », ce légume est bien adapté à la sécheresse et aux températures élevées du mois de juillet. Elle se récolte donc facilement durant tout l'été.

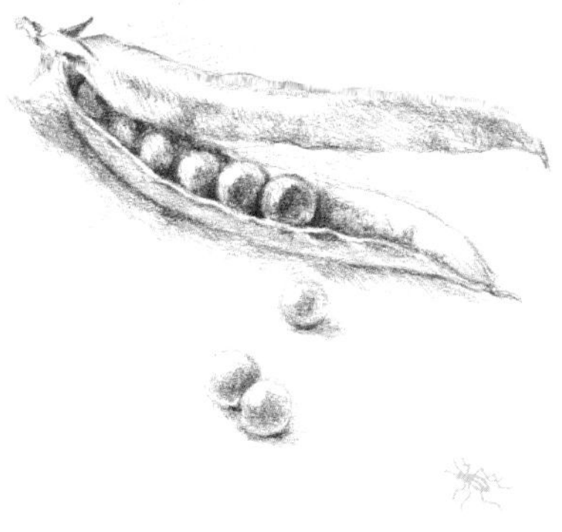

ORIGINE DU PETIT POIS

Nos variétés actuelles de pois sont issues de souches sauvages, originaires d'Europe centrale. Jusqu'à la fin du Moyen Âge, on avait l'habitude de consommer les pois à maturité, aussi bien en été qu'en hiver, après les avoir fait longuement sécher. On les appréciait entiers, décortiqués ou cassés. La mode des petits pois frais est apparue à la Renaissance, avec Catherine de Médicis. Cette habitude de consommation s'est développée à la cour de Louis XIV jusqu'à nos jours.

Arroche et tétragone : les autres épinards

L'arroche ou « Bonne Dame » est certainement l'une de nos plus anciennes herbes potagères. Sa culture remonte à la plus haute antiquité et elle était consommée par les anciens comme nos épinards actuels.

Quant à la tétragone, elle a été rapportée de Nouvelle-Zélande par le capitaine James Cook, en 1770. Toutefois, elle n'a été cultivée comme plante alimentaire qu'au début du XIXe siècle. Son nom vient de ses feuilles qui forment une figure géométrique à quatre angles. Très rustique, elle pousse comme une plante vivace. D'ailleurs, elle est aussi appelée « épinard perpétuel ». Elle est consommée aussi bien en purée qu'en gratin ou en salade.

Arroche

Jeunes fèves à la croque-au-sel

••••

POUR 4 PERSONNES

500 g de jeunes fèves (gousses pas trop grosses et cueillies du jour)
20 g de fleur de sel de Guérande
70 g de beurre fermier
200 g de pain de campagne

• Faites griller des tranches de pain. • Passez au sel les jeunes fèves. • Dégustez avec le pain grillé et une noix de beurre.

Broutes de choux sauce ravigote

•••

POUR 4 PERSONNES

300 g de broutes de choux
6 cuillerées à soupe d'huile
2 cuillerées à soupe de vinaigre de vin rouge
2 œufs durs
40 g de cornichons
1 cuillerée à café de moutarde
Sel et poivre

• Faites cuire les broutes de choux à l'eau salée. • Faites bouillir les œufs pendant 10 min puis laissez-les refroidir à l'eau froide. • Enlevez les coquilles. • Dans un petit bol, mélangez l'huile, le jus de citron, la moutarde, les cornichons coupés en lamelles, le sel et le poivre. • Émiettez l'œuf entier à la fourchette sur une assiette. • Mélangez ces œufs à la sauce. • Servez les broutes tièdes avec cette sauce.

Omelette pascale aux petits pois frais

•••

Pour 4 personnes
- 500 g de petits pois
- 3 cl d'huile d'olive
- 4 œufs
- Sel et poivre

• Écossez délicatement les pois. • Faites-les revenir rapidement avec un filet d'huile d'olive. • Battez les œufs, salez et poivrez. • Lorsque les pois commencent à être cuits, tout en demeurant croquants, ajoutez les œufs et finissez la cuisson. • Servez chaud avec une salade de doucette (mâche sauvage).

Blettes à la sauce Mornay

•••

Cette recette traditionnelle est un des classiques de la « cuisine bourgeoise ».

Pour 4 personnes
- 1 botte de blettes rouges
- 1 cuillerée à soupe de beurre
- 1 cuillerée à soupe de farine
- 2 tasses à café de lait
- 1 jaune d'œuf
- 25 g de fromage râpé
- Sel et poivre

• Nettoyez les feuilles en prenant soin d'en conserver une large partie. • Enlevez la partie fibreuse des cardes avant de les couper en morceaux. • Faites-les bouillir dans un bouillon salé jusqu'à ce qu'elles soient tendres. • Dans une casserole, faites chauffer le beurre à feu doux. • Quand il commence à grésiller, versez la farine et remuez pour bien l'imprégner de beurre. • Versez petit à petit le lait, tout en continuant de remuer. • Finissez de cuire à feu doux durant 5 min. • Salez et poivrez. • Hors du feu, ajoutez le jaune d'œuf puis le fromage râpé. • Mélangez les blettes avec cette sauce. • Servez chaud.

Tétragone aux foies de volaille

•••

POUR 4 PERSONNES

500 g de tétragone
10 foies de volaille
30 g de beurre
3 cuillerées à soupe de vinaigre de vin de Bordeaux
Sel et poivre

• Lavez la tétragone.
• Faites-la cuire dans un peu d'eau salée durant 4 à 5 min.
• Faites fondre le beurre, à feu moyen, dans une poêle.
• Ajoutez les foies de volaille et faites-les cuire durant 5 min en les retournant régulièrement. • Salez et poivrez. • Déposez-les sur le lit chaud de tétragone.
• Déglacez la poêle, à feu vif, avec le vinaigre et un peu d'eau. • Versez la sauce sur les foies et servez chaud.

Les fruits de l'été

Après la « lune rousse », qui se termine en général durant la première quinzaine de mai, les risques de gelées disparaissent et on peut faire « tout ce qui nous plaît », comme dit le proverbe. Les légumes annuels comme la tomate, l'aubergine, les courges ou les haricots, qui sont un peu fragiles et craignent le gel, peuvent être semés ou repiqués. Ces espèces, introduites pour la plupart durant ces derniers siècles, sont originaires de régions chaudes, comme l'Amérique centrale ou le pourtour méditerranéen. Elles ont une durée de végétation assez courte (70 à 150 jours) et exigent beaucoup de chaleur. Dans la majorité des cas, elles correspondent à des pratiques agricoles modernes et ne sont cultivées que pour la consommation de leurs fruits ou de leurs graines.

Légumes ou fruits ?

Le terme de fruit est, à l'origine, une expression botanique qui désigne l'ovaire fécondé de la plante. Arrivé à maturité, il contient la ou les graines indispensables à sa reproduction. Actuellement, la définition d'un fruit ou d'un légume dépend plus de son usage alimentaire. Ainsi la tomate, qui est un fruit sur le plan botanique, a d'abord été consommée en dessert. Il est vrai que, jusque dans les années 50, les variétés cultivées étaient souvent très sucrées et juteuses. Aujourd'hui, la tomate est consommée en salade ou en plat principal. Elle est donc considérée comme un légume. Les variétés sélectionnées sont beaucoup plus fermes, plus compactes et… moins goûteuses.

Potimarrons

Le bonheur d'une tomate de Marmande

DURANT TOUTE LA SAISON CHAUDE, nous avions, dans ma famille, un véritable culte pour la tomate. Mes parents n'en cultivaient que deux rangs, mais ils étaient immenses. Ils nous permettaient à la fois de préparer une quantité extraordinaire de recettes, de faire nos provisions et d'en offrir un peu à tout le monde.

Autant que je me souvienne, nous ne semions que les variétés de type « Marmande », « merveille des marchés » ou « cœur de bœuf ». Dans les trois cas, nous récoltions des fruits énormes qui n'ont rien à voir avec ce qu'on trouve aujourd'hui sur les linéaires des supermarchés. Ces variétés de tomates étaient pleines de parfums, de jus, de douceurs et de saveurs. Pour mieux les apprécier, nous prenions toujours le temps de les passer sous un filet d'eau chaude afin de les peler plus facilement et d'éliminer les rugosités de leurs peaux. C'était et c'est toujours un vrai régal pour tous ceux qui continuent à cultiver ces anciennes variétés.

En attendant le premier orage, les jours de grandes chaleurs, nous préparions avec ces tomates juteuses de merveilleuses tartines de quatre-heures très rafraîchissantes. Nous les cuisinions aussi en potage, chaud ou froid, en salade avec des oignons rouges, farcies au four, en purée avec des œufs, en coulis et même en confiture. En effet, dès que la première gelée arrivait ou que les fruits ne parvenaient plus à mûrir correctement, nous organisions un grand ramassage. Ensuite, aussi bien avec les fruits mûrs qu'avec les verts, ma grand-mère prenait le temps de nous mijoter une merveilleuse confiture que nous consommions avec délices au petit déjeuner…

Origine de la tomate de Marmande

La tomate est une solanacée, de la même famille botanique que la pomme de terre ou l'aubergine. Introduite par les conquistadors espagnols, elle fut associée à la mandragore et, considérée comme dangereuse, longtemps interdite à la consommation. Effectivement, tout est toxique dans cette plante, sauf les fruits ! C'est peut-être pour cela qu'elle était appelée « pomme d'amour ». Les souches anciennes ressemblaient à nos tomates cerises et étaient réservées à la culture d'ornement. Ce n'est qu'à la fin du XIXe siècle que ses qualités nutritives ont été reconnues. À partir de 1865, on trouve en Lot-et-Garonne les premières traces de culture de la tomate. À la suite de la crise du phylloxéra, cette production s'est développée rapidement en remplacement de la vigne. Les récoltes étaient expédiées, par chemin de fer, vers les marchés de Bordeaux, de Paris et même de Londres. En 1895, la première conserverie de tomates est créée à Bouglon. La « tomate de Marmande » a été probablement obtenue par hybridation naturelle des variétés « merveille des marchés » et « pondorosa ». À cette époque-là, les graines étaient encore autofertiles et chaque ferme utilisait ses propres semences. Plus de 1 500 variétés de tomates ont été créées de cette façon dans différentes régions. Elles peuvent être jaunes, vertes, orange, violettes, en forme de poire, de piment, lisses, côtelées, etc.

L'aubergine au goût de champignon

NOTRE PLUS PROCHE VOISINE avait conseillé ma mère dans la culture des aubergines. En même temps qu'elle lui donnait quelques recettes, elle lui avait fourni ses premiers plants. Comme notre ami mandataire était à la recherche de ce légume, notre production est vite devenue conséquente.

Même si cette culture ne faisait pas vraiment partie de nos habitudes, nous nous sommes facilement convertis à ce légume. En effet, lorsque nous le cuisinions frit, à la poêle, son goût nous rappelait celui des champignons ce qui, dans nos campagnes, où nous avions une véritable vénération pour le cèpe, est une référence gustative de qualité. L'aubergine faisait donc l'unanimité.

Comme nous ne pouvions nous appuyer sur aucune tradition familiale pour cultiver ce légume, plusieurs variétés ont été expérimentées dont l'aubergine-œuf, qui est très résistante au froid. Cette dernière, originaire de Birmanie, fut la première variété d'aubergine introduite en Grande-Bretagne, où d'ailleurs « aubergine » se dit toujours *egg-plant*.

Malgré son ancienneté, nous n'avons finalement pas retenu l'aubergine-œuf, car elle ne correspondait pas véritablement à la demande de l'époque, déjà orientée vers des variétés de type « violette » ou « de Narbonne ». De plus, elle n'était pas très productive. Aujourd'hui, sa forme, son goût et sa couleur en font un légume original et très apprécié.

Aubergines-œufs farcies

•••

Pour 4 personnes
- 8 aubergines-œufs
- 5 champignons (rosés-des-prés ou de Paris)
- 4 petits « poivrons marseillais »
- Huile d'olive
- Ail
- Sel et poivre

• Évidez les aubergines avec un vide-pomme. • Éliminez les pépins et gardez un peu de chair. • Nettoyez les poivrons et les champignons et coupez-les en petits morceaux. • Dans une poêle, faites-les revenir avec un peu d'huile d'olive. • Ajoutez l'ail ainsi que la chair des aubergines. • Salez et poivrez. • Farcissez délicatement les aubergines. • Placez-les dans un plat à gratin dans le fond duquel vous mettrez 1 cm d'eau. • Faites cuire au four durant 40 min à 180 °C. • Arrosez régulièrement les aubergines avec le jus.

Mini-pâtisson, courge, potimarron et spaghetti végétal

CELA FAIT BIENTÔT VINGT-CINQ ANS que nous cultivons et récoltons, de manière importante, des mini-pâtissons. Au début, c'était simplement pour maintenir une tradition et faire partager notre passion pour ce légume : ma mère en cultivait toujours quelques pieds, au fond du jardin, avec ses citrouilles d'Eysines. Dans notre cave, qui était la partie la plus fraîche de la maison, nous conservions notre « condiment de vieux garçon » comme on l'appelait. C'était un grand bocal de plusieurs litres, rempli de cornichons, pâtissons, fruits et autres légumes au vinaigre, à l'intérieur duquel nous puisions au gré de nos besoins. Cette recette était au cœur de nos savoir-faire. C'est pourquoi, très tôt, je les ai moi aussi préparés en bocaux, au vinaigre, afin de les consommer, comme des cornichons, avec une viande froide ou une salade.

Aujourd'hui, nous préparons également ces mini-pâtissons en soupe avec quelques courgettes, et nous avons fait certifier cette recette en « Agriculture biologique ». Comme pour tous les autres produits de notre exploitation, nous produisons en effet ces légumes sans aucun engrais chimique de synthèse, ni produit de traitement artificiel.

Turban d'Aladin

Même s'il demeure confidentiel, le succès de ces cucurbitacées ne s'est jamais démenti. En effet, elles correspondent à une utilisation particulièrement moderne : dans ces petits pâtissons, il n'y a rien à jeter, rien à peler, c'est cuit en quelques minutes, c'est savoureux et ça se prête à toute forme de recettes. Vous pouvez les cuisiner simplement, aussi bien en salade que sautés à la poêle, en cocotte, en purée, en omelette ou même en quiche. Mais, par leur forme et leur beauté, ils se prêtent aussi à des recettes plus sophistiquées et à toutes les imaginations culinaires. Il est possible, par exemple, de les farcir avec une sauce tomate, un peu de chair à saucisse, du poisson, des escargots, du foie gras et même du caviar de Gironde, pour rester dans l'esprit du terroir.

Les courges et autres cucurbitacées constituent une vaste famille, qui compte plus de 150 petits cousins et cousines. Plusieurs espèces sont très intéressantes : tout particulièrement les variétés turban d'Aladin, potimarron et giraumon. Elles sont non seulement décoratives, mais se cuisinent aussi bien sautées à la poêle qu'en soupe, purée, gratin, gâteau ou même confiture. De plus, elles se conservent de nombreuses semaines. Vous pouvez très facilement les utiliser en décoration, dans un compotier, afin de profiter de leurs formes originales et de leurs couleurs, avant de les cuisiner.

Par ailleurs, sur le plan diététique, sachez que toutes ces courges sont pauvres en calories et riches en fibres et en minéraux. Elles présentent de plus une grande diversité de textures, de saveurs et de goûts.

Spaghetti végétal

La galeuse d'Eysines : un autre exemple de variété locale

À la fin du XIXe siècle, différents types de courges ont été cultivés dans la ceinture maraîchère de Bordeaux. Comme les exploitations étaient petites et rapprochées, ces citrouilles et potirons se sont rapidement hybridés. Petit à petit, par le rapprochement des expériences et l'échange de graines, une nouvelle variété a émergé.

Plus adaptée au terroir local, elle a été stabilisée et a fait l'unanimité sur tous les marchés locaux. Comme l'identité de pays était forte et que chaque ferme utilisait ses propres semences ou celles de son plus proche voisin, sa culture s'est vite généralisée. Ensuite, il a suffi qu'elle ait eu les honneurs d'un comice agricole local pour obtenir une notoriété nationale.

Elles élargissent donc notre palette de choix gastronomiques et d'accommodations. C'est ainsi qu'en septembre, lorsque j'étais enfant, j'avais souvent le plaisir de découvrir, en rentrant de l'école, les merveilleux goûters de ma grand-mère. Elle me préparait notamment une sorte de gâteau au turban d'Aladin, au potimarron ou à la citrouille, suivant ce qu'elle avait sous la main. Et, afin que ce soit bien calorique et « fortifiant », elle me le servait avec 2 ou 3 cuillerées de confiture de gratte-cul. Un vrai délice ! C'était sa façon de m'encourager et de me soutenir dans mon travail scolaire. Puisque mon père s'était adjugé la lourde tâche de me faire réciter les leçons, elle n'intervenait pas dans la révision de mes devoirs. Par contre, elle considérait que c'était de sa totale responsabilité de me garder en bonne santé. Dans cet objectif, elle alternait les recettes et préparait aussi des gaufres chaudes, avec un maximum de confitures, ou des tartes aux poires et aux potimarrons…

De singulières cucurbitacées

Quant au spaghetti végétal, il occupe, dans cet univers plein de couleurs et d'originalité, une place tout à fait spécifique. Ses fruits allongés, d'un jaune assez pâle, sont relativement gros. Leur chair a la particularité de se défaire à la cuisson et de prendre la forme de longs filaments clairs qui ressemblent étrangement à des spaghettis.

La saveur de cette courge, qui offre un arrière-goût de noisette, est tout à fait agréable. Pour la découvrir facilement, il suffit de couper le spaghetti en tranches de 1 cm d'épaisseur et de les faire simplement sauter à la poêle, avec un peu d'ail et de persil. Vous pouvez aussi préparer ce légume en plat unique, farci, au four ou en gratin.

Autrefois, dans notre ferme, nous cultivions aussi la citrouille galeuse d'Eysines, variété spécifique de la région bordelaise. Sa chair est très agréable et sucrée. Ma mère s'en servait pour préparer d'excellentes soupes ainsi que des tartes. Il s'agit d'une variété locale, très voisine du giraumon, sélectionnée par les maraîchers locaux de la ceinture verte de Bordeaux. D'une forme et d'une couleur très caractéristiques, elle est toujours cultivée et consommée en Gironde.

Gâteau au turban d'Aladin

•••

POUR 6 À 8 PERSONNES

300 g de turban d'Aladin
150 g de semoule de blé dur
70 cl de lait
100 g de crème liquide
150 g de sucre roux
3 œufs
2 gouttes de fleur d'oranger

• Faites précuire le turban d'Aladin entier, à la vapeur, 15 min environ. • Enlevez les pépins, pelez et coupez-le en morceaux. • Faites bouillir le lait et ajoutez la semoule. • Laissez cuire durant 4 min en remuant continuellement. • Retirez du feu et ajoutez la crème liquide, le sucre roux, les œufs, la fleur d'oranger et les morceaux de turban. • Bien mélanger. • Versez dans un moule à cake. • Faites cuire au four et au bain-marie à 180 °C durant 40 min.

La diététique des courges

Dans la grande famille des cucurbitacées, les courges, courgettes et autres pâtissons sont particulièrement intéressants, car très digestes et très diététiques. Ils contiennent une forte proportion d'eau (env. 90 %) et sont riches en minéraux, en particulier en potassium, calcium, phosphore, magnésium, chlore et sodium. Ils renferment également de nombreux oligo-éléments (zinc, manganèse, fer…) ainsi qu'une certaine quantité de vitamines C et B. Enfin, ils sont pauvres en calories donc peu énergétiques, mais très riches en fibres, ce qui est loin d'être négligeable pour la santé.

Quiche aux mini-pâtissons

Durant tout l'été, nous proposons cette recette au cours de notre formule de « Goûter à la ferme ».

Pour 6 à 8 personnes

1 pâte brisée
500 g de mini-pâtissons
3 œufs
1 verre de lait
1 verre de crème liquide
1 cuillerée à café d'herbes de Provence
Fromage râpé et chapelure
Sel et poivre

• Préparez et étalez une pâte brisée sur un plat à tarte. • Coupez en fines lamelles les pâtissons. • Disposez-les sur la pâte. • Mélangez à part 3 œufs, un verre de lait et la crème liquide. • Ajoutez les herbes de Provence, le sel et le poivre. • Versez la préparation sur les pâtissons, dans le fond de la quiche. • Ajoutez le fromage râpé et la chapelure sur le dessus. • Mettez au four à 220 °C durant 30 à 40 min. • Servez chaud avec une salade de pourpier.

Mini-pâtissons farcis

•••

POUR 4 PERSONNES

20 petits pâtissons
2 grosses tomates mûres
100 g de jambon de Bayonne
80 g d'oignon
8 feuilles de basilic rouge
2 caïeux d'ail
Huile d'olive
Sel et poivre

• Coupez la base des jeunes pâtissons afin qu'ils soient stables. • Évidez-les avec une cuillère à café et réservez les chapeaux (faites attention de ne pas les percer). • Coupez en morceaux l'oignon, le jambon, les tomates, le basilic et l'ail. • Faites revenir le tout dans une poêle, avec un peu d'huile. • Salez et poivrez. • Remplissez les pâtissons avec cette farce que vous recouvrirez avec les différents chapeaux. • Faites cuire à four chaud (170 °C) pendant 10 à 15 min. • Servez chaud.

Potimarron en persillade

•••

Pour 6 personnes

1 potimarron d'environ 1 kg
Huile d'olive
4 à 6 caïeux d'ail
Persil
Sel et poivre

• Coupez en deux le potimarron et videz-le de ses graines. • Sans le peler, coupez-le en cubes, de 2 cm de côté. • Faites chauffer une poêle avec un filet d'huile d'olive. • Ajoutez les morceaux de potimarron et laissez-les frire durant 5 min. • Pelez et coupez l'ail en fines lamelles. • Faites-les frire avec le potimarron. • Salez et poivrez. • Ajoutez un fond de verre d'eau, fermez avec un couvercle et laissez cuire 5 min de plus. • Ajoutez le persil finement haché 2 min avant la fin de cuisson. • Servez chaud avec, par exemple, une viande blanche.

Spaghetti végétal à la bolognaise

•••

Pour 6 à 8 personnes

1 spaghetti végétal (1 kg environ)
2 steaks hachés
2 caïeux d'ail
1 gros oignon
4 tomates fraîches
1 cuillerée à soupe de crème fraîche
Sel et poivre

• Faites cuire la courge entière env. 45 min à l'eau salée. • Pendant ce temps, pelez, épépinez et coupez les tomates. • Hachez finement l'ail et l'oignon. • Faites-les revenir avec un peu d'huile d'olive. • Ajoutez les steaks après les avoir écrasés à la fourchette. • Ajoutez les tomates et laissez cuire 5 à 10 min. • Hors du feu liez avec la crème fraîche. • Salez et poivrez. • Lorsque les spaghettis sont cuits, coupez-les en deux, ôtez les graines et sortez toute la chair avec une fourchette. • Présentez les spaghettis sur un plat avec la sauce bolognaise au milieu. • Servez chaud.

Tarte au potimarron

• • •

POUR 6 À 8 PERSONNES

- 500 g de potimarron
- 7 poires bien mûres
- 200 g de sucre blanc
- 4 cuillerées à soupe de lait
- 2 cuillerées à soupe de crème liquide
- 3 œufs entiers
- 1 pâte brisée

• Faites cuire à la vapeur votre potimarron durant 15 min. • Pendant ce temps, pelez, épépinez et coupez en deux les poires. • Préparez et étalez la pâte brisée dans un plat à tarte. • Disposez les poires dans le fond. • Coupez en deux le potimarron, enlevez les graines. • Passez-le au mixer avec sa peau. • Ajoutez le lait et la crème. • Mélangez et ajoutez les œufs et le sucre. • Versez le tout sur la pâte et les poires. • Faites cuire 35 min à 180 °C.

L'automne : la saison des provisions

Dès le milieu du mois d'août, les jours commencent à raccourcir. Les premiers brouillards matinaux, le passage des palombes qui descendent vers le sud et les premières feuilles mortes annoncent l'arrivée de l'automne.

Autrefois, les fables de La Fontaine et quelques proverbes ou dictons de même nature servaient à enseigner des règles de vie fondamentales. L'histoire de la cigale qui va crier famine chez sa voisine la fourmi en est peut-être un des meilleurs exemples. Nous ressentions en effet très fortement la nécessité de faire des provisions pour l'hiver dès que les chaudes journées d'été se raréfiaient. Il fallait alors ramasser les pommes de terre, écosser les haricots, récolter les dernières tomates et faire le tour de tous les pommiers pour reconstituer les stocks du fruitier.

Choux d'ornement

La ronde des pommes de terre

Bien plus que le riz ou les pâtes, la pomme de terre était la base de notre alimentation durant toute la mauvaise saison. À partir du mois d'août, nous commencions à récolter nos variétés de primeurs, de type sirtema, ratte ou belle-de-Fontenay. Nous dégustions avec gourmandise ces « pommes de terre nouvelles » sautées à la poêle, bouillies ou simplement en purée.

Un ami de la famille, passionné de jardinage et de bricolage, avait participé pendant plusieurs années à des jardins ouvriers. Il était abonné à tous les journaux spécialisés de l'époque (*Rustica*, *Système D*, etc.) et savait tout faire de ses mains. Il nous avait recommandé et procuré une variété violette, la « vitelotte noire », qu'on peut retrouver aujourd'hui dans les bonnes jardineries. De forme très allongée, elle a une peau lisse, sombre et irrégulière. Sa chair est d'un bleu tendre, légèrement marbré de blanc. Son goût de noisette et sa couleur caractéristique en font une variété délicieuse que nous apprécions beaucoup sous forme de purée ou de gratin.

Vitelotte noire

Ma mère trouvait qu'elle était difficile à peler. Toutefois, elle en plantait quelques pieds, au fond du jardin, pour notre plaisir à tous et surtout pour celui de mon père car il était très exigeant sur le goût, la saveur et la qualité des pommes de terre. Il les adorait et les dégustait comme des gourmandises. Il était capable d'en manger à tous les repas, parfois en grande quantité. Je me souviendrai toujours de sa façon de les peler : même s'il avait de la peine à les tenir dans ses mains, tellement elles étaient chaudes, il trouvait toujours le moyen, en soufflant un petit peu, d'en grignoter plusieurs morceaux. Par ailleurs, il avait ses variétés préférées en fonction des différentes périodes de l'année.

Pour les provisions d'hiver, il plantait plus volontiers de la ker pondy, de la bintje et même de la charlotte. Il s'agissait de variétés plutôt récentes dont la productivité et la facilité de conservation avaient conquis les paysans de l'époque.

Le rituel de la récolte

La récolte des pommes de terre participait d'une sorte de rituel : c'était une véritable fête et une journée riche en promesses. La date de ramassage, programmée plusieurs jours à l'avance et largement annoncée, aussi bien aux amis qu'à toute la famille, était fixée de préférence un samedi pour que chacun soit disponible. Très tôt le matin, mon père passait la charrue afin d'ouvrir les règes. Ensuite chacun prenait son rang et grattait la terre pour dégager le maximum de tubercules qu'il fallait rentrer avant que la nuit tombe. Même si l'ardeur était communicative, la journée n'était jamais assez longue et il fallait souvent jouer les prolongations le lendemain. Quoi qu'il en soit, la récolte se terminait toujours autour d'un bon repas où, même cuits à la broche, la saveur de nos poulets de ferme n'arrivait pas à s'imposer face à la douceur et la fermeté des pommes de terre tout juste ramassées. Tout le monde y allait de son superlatif : elles étaient toujours meilleures que celles de l'année précédente…

Charlotte

Ensuite, pendant l'hiver, il fallait trier la récolte. Mes grands-parents se relayaient à cette tâche et y passaient le plus clair de leurs soirées. Chaque calibre avait son intérêt et rien ne se perdait. Même les plus petites ou les pommes de terre abîmées avaient leur utilité : elles faisaient le régal du cochon que nous élevions chaque année.

Ratte

Purée de vitelotte à la fleur de thym

•••

POUR 6 PERSONNES

10 à 12 pommes de terre violettes (vitelotte noire)
2 verres de lait
1 œuf entier
20 g de gruyère râpé
Quelques fleurs et feuilles de thym
Sel et poivre

• Épluchez les pommes de terre et faites-les cuire à la vapeur ou dans une casserole d'eau salée. • Écrasez-les à la fourchette ou passez-les au presse-purée. • Ajoutez le lait. • Battez un œuf et mélangez-le à la purée. • Salez et poivrez. • Versez cette purée dans un plat à gratin beurré. • Sur le dessus, ajoutez le gruyère, les fleurs et les feuilles de thym. • Mettez à gratiner au four à 200 °C durant 20 min.

Haricots

dolique à rames
ramant tarbais
ramant
Espagne Goliath
ramant
à cosse violette
or-du-Rhin
nain liverte
St Esprit
à œil rouge
nain d'Espagne
barot
dolique
dall'occhio
dolique asperge

Les haricots au fléau

DÈS LE MILIEU DE L'ÉTÉ, nous commencions à récolter les haricots. Parfois cela durait jusqu'en octobre. Il y en avait de toutes sortes : des palettes, des beurres, des verts, des cocos, des mongettes, des tarbais, d'Espagne, et de toutes formes : avec ou sans « parchemins », nains ou à rames... Les haricots dits « du Bouscat » étaient une des premières variétés à entrer en production. Cette sélection locale, qui semble avoir disparu, se consommait aussi bien sous forme de palette mange-tout que de grains. Ma mère la cuisinait très simplement, en tout début de saison, avec des oignons, un peu d'ail et quelques tomates. C'était délicieux.

Aujourd'hui, vous pouvez retrouver la saveur de cette recette traditionnelle en cultivant des variétés comme princesse, or-du-Rhin ou contender. Dans tous les cas, il faut les récolter encore tendres, sous forme de mange-tout, c'est-à-dire avec la cosse et les graines.

Le battage des cocos...

Nous cultivions aussi beaucoup de haricots verts. Il fallait les ébouter durant de longues heures, surtout quand il s'agissait de préparer nos conserves. Même si c'était l'occasion d'entendre tous les potins du village, je préférais de loin participer au battage des cocos ou des flageolets.

C'était un moment privilégié que je partageais avec ma grand-mère. Elle prenait alors le temps de me raconter ses souvenirs, de me parler de l'époque où elle cultivait ces différentes variétés sur des surfaces importantes, pour les conserveries de la région, qui s'appelaient « Gourmet français » ou « Rodel ». De cette période-là, elle avait gardé l'organisation et les méthodes. Elle savait récolter les haricots, à point, juste quand ils commencent à jaunir. Ensuite, elle les faisait sécher pendant plusieurs jours sur de grandes bâches, à l'ombre de nos poiriers. Puis, pour les écosser, elle repliait les toiles, les attachait solidement, les roulait comme des ballots et les battait au fléau. J'essayais de l'aider, mais je n'arrivais jamais à attraper son geste mécanique et, très rapidement, je m'écroulais dans l'herbe fraîche où j'attendais qu'elle ait fini.

Le résultat était spectaculaire : tous les haricots étaient réunis dans le creux de la bâche et il n'y avait plus qu'à rassembler les cosses pour les donner aux lapins ou alimenter notre compost. Encore une fois, rien n'était perdu.

Pourquoi pas des haricots dans vos massifs ?

Plusieurs variétés sont très décoratives. Les haricots « Barot » ou « d'Espagne », comme le lotier rouge (tétragonolobe pourpre), surnommé « goutte de sang », donnent en abondance de magnifiques fleurs. Elles offrent des palettes de couleurs éclatantes qui vont du rouge velours au blanc le plus nuancé. Après leur floraison, vous pourrez toujours joindre l'utile à l'agréable et les mijoter en cuisine.

Haricot d'Espagne barot

Haricots tarbais à la sauge

•••

Pour 6 personnes
600 g de haricots tarbais
4 caïeux d'ail
5 à 10 feuilles
de sauge fraîche
4 cuillerées à soupe
d'huile d'olive
400 g de tomates
de Marmande
Sel et poivre

• Laissez tremper les haricots dans l'eau toute une nuit. • Égouttez-les. • Dans une casserole, faites revenir l'ail coupé en lamelles et la sauge. • Dans une cocotte en fonte, mettez les haricots et les tomates coupées en morceaux. • Arrosez-les avec le mélange d'huile, d'ail et de sauge. • Recouvrez d'eau sur 2 à 3 cm. • Mélangez. • Fermez et faites mijoter à feu doux pendant au moins une heure. • Salez et poivrez. • Servez chaud avec du mouton ou de l'agneau.

Haricots « princesse mange-tout » à la tomate

•••

Pour 4 à 6 personnes
500 g de haricots
(princesse mange-tout)
3 tomates « cœur de bœuf »
1 oignon
1 gousse d'ail
Poudre de piment d'Espelette
Persil, sel et poivre

• Éboutez et nettoyez les haricots. • Faites-les cuire 5 min à la vapeur. • Coupez l'oignon en lamelles et faites-le revenir dans une poêle creuse. • En cours de cuisson, ajoutez les tomates coupées en dés et les caïeux d'ail coupés en lamelles. • Ajoutez les haricots et 2 verres d'eau. • Laissez cuire encore pendant 10 min. • Complétez avec une pincée de piment d'Espelette. • Salez et poivrez. • Au moment de servir, ajoutez un peu de persil frais haché.

LA

Fruitier et pommes de l'air

TOUJOURS DURANT CETTE PÉRIODE de septembre octobre, nous prenions le temps de récolter nos pommes, entre la cueillette des champignons et les journées de vendanges. Nous possédions une quantité exceptionnelle de variétés. Vers la fin du XIXe siècle, des centaines de pommiers avaient été plantés un peu partout, aussi bien à l'entrée qu'en bordure des allées, au milieu des vignes ou des prés. Nous avions donc le choix entre une trentaine de variétés. Il y en avait pour tous les goûts : des précoces, des douces comme le « museau de lièvre », des acides, comme la « cramoisie », des farineuses et même des tardives, comme la « reinette de Saintonge ». Celle-ci est très dure au moment de sa récolte et il faut la garder jusqu'en mars ou avril pour qu'elle développe tous ses parfums. Le verger que nous avons créé ces dernières années, avec l'aide du Conservatoire régional, s'inspire directement de la diversité qui régnait durant cette période.

Cramoisie

Le stockage, très rationnel, se faisait à l'étage de notre grange aux volets lie-de-vin, comme il en existait tant dans la région. Cette grande pièce, aérée, presque ouverte aux quatre vents, constituait notre fruitier. On y étalait la récolte dans de nombreuses cagettes où elle restait bien au sec durant tout l'hiver. C'était un peu comme dans une cave de bons vins : il ne fallait pas se tromper, chaque variété était classée et devait être appréciée au bon moment.

Chez nous, c'était la « rose de Benauge » qui faisait l'unanimité. Cette variété locale était très acide jus-

Museau de lièvre

qu'à la fin novembre, mais se cuisinait quand même facilement au four ou en tarte. Ensuite, elle s'amadouait doucement et, plus les mois passaient, plus elle gagnait en douceur, en parfums et en subtilité. Entre janvier et février, elle atteignait enfin sa plénitude. Mais il fallait en profiter vite, car elle devenait rapidement farineuse et perdait tout son charme.

La rose de Benauge faisait ainsi pendant plusieurs mois le quotidien de nos repas. Autour de la table, une véritable dégustation s'organisait : chaque fruit était différent et, comme pour une grande bouteille de vin, chacun y allait de son explication et de sa comparaison. Le couteau était habile, les épluchures tombaient, les tranches passaient de main en main, les papilles étaient en éveil, chaque pomme était une découverte et un plaisir.

La pomme, fruit universel

Le pommier est une espèce rustique qui présente une forte capacité d'adaptation. Depuis l'Antiquité et surtout au XIXe siècle, il a été largement multiplié, au point qu'on peut recenser aujourd'hui, en France, plus de 10 000 variétés. À côté des productions courantes, une volonté de sauvegarde du patrimoine végétal se fait jour un peu partout en Europe. Dans le Sud-Ouest, le Conservatoire d'Aquitaine a établi un inventaire de plus de 700 spécimens (*cf.* adresse page 146).

Tarte Tatin aux pommes « cramoisie »

•••

Pour 6 à 8 personnes

1 pâte brisée
500 g de pommes « cramoisie » (ou d'une autre variété acidulée)
100 g de beurre
150 g de sucre en poudre
2 cuillerées à soupe de sucre roux

• Pelez et coupez les pommes en quartiers. • Dans un moule à tarte, faites mousser le beurre à feu doux. • Ajoutez le sucre et les pommes.
• Laissez cuire doucement.
• Dès que le caramel commence à brunir, retirez le moule et laissez-le refroidir.
• Faites chauffer le four à 180 °C environ. • Étalez la pâte sur 4 mm d'épaisseur.
• Découpez-y un disque de 6 cm plus large que le diamètre du moule. • Posez la pâte sur les pommes en la bordant bien. • Faites cuire au four durant 25 min.
• Démoulez, saupoudrez de sucre roux et servez chaud.

Boudin fermier aux pommes « museau de lièvre »

•••

Pour 4 personnes

4 boudins fermiers
6 pommes « museau de lièvre » ou autre variété croquante
3 cuillerées à soupe d'huile de tournesol
Un peu de sucre en poudre

• Pelez les pommes, coupez-les par moitié et épépinez-les.
• Dans une poêle, faites chauffer l'huile et ajoutez les boudins préalablement piqués à la fourchette.
• Saupoudrez les pommes de sucre et faites-les caraméliser avec les boudins.
• Faites cuire 5 min chaque côté à feu doux. • Servez chaud.

Pommes « rose de Benauge » au four

•••

Pour 4 à 6 personnes

6 pommes « rose de Benauge »
6 cuillerées à soupe de sucre en poudre
3 cuillerées à soupe de sucre de canne roux
6 noisettes de beurre
20 g de graines d'anis
1/2 verre d'eau

• Épluchez les pommes entières puis enlevez le centre et les graines. • Passez-les dans les 2 sucres. • Roulez-les dans les graines d'anis.
• Faites préchauffer le four à 200 °C. • Mettez un peu d'eau dans le fond d'un plat à gratin. • Déposez dans chaque creux de pomme une noisette de beurre et quelques graines d'anis.
• Disposez les pommes dans le plat et faites-les cuire durant 35 min à 220 °C.

Un trésor caché : l'amour-en-cage

Ce petit fruit de la famille des physalis est un vrai poème à lui tout seul. L'amour-en-cage est en effet une petite baie ronde, à peine plus grosse qu'une cerise, qui ne peut se développer qu'à l'intérieur du calice qui l'entoure. Au fil des semaines, en hiver, celui-ci devient de plus en plus fin jusqu'à ressembler à une cage grillagée. La lumière peut alors entrer et le fruit finir de mûrir.

Une variété autochtone, l'alkékenge, est citée, au IXe siècle, dans le *Capitulaire de Villis*. Sa culture était en effet recommandée, durant le Haut Moyen Âge, pour les jardins des premiers monastères bénédictins. Elle donne un petit fruit rouge un peu astringent mais avec lequel on peut préparer de très agréables compotes ou confitures. J'ai découvert son goût, il y a une quinzaine d'années, grâce à des amis jardiniers, passionnés de botanique et de cuisine. Mais il était alors très difficile d'en obtenir un pot de confiture car ce fruit si petit a un rendement très faible. Il fallait au moins appartenir au sérail pour pouvoir en déguster quelques cuillerées. Nous avons donc fait le choix de cultiver et de cuisiner le Physalis péruviana, qui est légèrement plus gros, plus sucré et plus productif. Cette variété, qui nous vient, comme la tomate, d'Amérique du Sud, a été introduite en Europe au XVIIe siècle.

Nous la préparons en tarte, clafoutis, compote, confiture et coulis. Mais la recette qui fait l'unanimité surtout auprès des enfants, lors de nos « Goûters à la ferme », est celle de l'amour-en-cage au chocolat. C'est une mignardise facile à préparer : il suffit de tremper la petite baie de physalis dans du chocolat de couverture et de la servir en accompagnement d'un café ou en dessert avec, par exemple, une boisson de fleurs de pissenlit.

En fait, ce fruit, qui rappelle vaguement la mangue et l'abricot, est particulièrement surprenant : chaque fois que nous inventons une recette, il révèle de nouvelles saveurs. Tel un « fruit caméléon », en fonction de ce qui l'accompagne, il développe des parfums et des nuances inattendus.

Rôti de porc caramélisé à l'amour-en-cage

•••

POUR 4 À 6 PERSONNES

1 kg de rôti de porc
500 g d'amours-en-cage
4 caïeux d'ail
1 verre d'eau
3 cuillerées à soupe d'huile de tournesol
2 cuillerées à soupe de sucre
Sel et poivre

• Chauffez le four à 210 °C. • Nettoyez et dégagez les fruits de leur cage. • Aillez, salez, poivrez et huilez le rôti. • Mettez-le au four. • Faites fondre le sucre dans l'eau et arrosez régulièrement le rôti pendant 25 min. • Ajoutez les fruits dans le plat de cuisson et baissez le thermostat du four à 180 °C. • Laissez cuire de nouveau 25 min.

Coulis d'amours-en-cage

•••

POUR 4 PERSONNES

500 g d'amours-en-cage
350 g de sucre de canne
10 cl d'eau

• Nettoyez et dégagez les fruits de leur cage. • Coupez-les par moitié. • Faites-les revenir dans une casserole avec 10 cl d'eau. • Laissez cuire à feu doux 10 min environ • Passez au moulin à légumes pour éliminer les peaux et les pépins. • Ajoutez le sucre et remettez à cuire doucement 10 min de plus. • Réservez au réfrigérateur pour servir froid avec, par exemple, une glace à la vanille.

Amours-en-cage au chocolat

Pour 6 personnes

- 20 amours-en-cage frais
- 100 g de chocolat noir de couverture (impérativement 64 % de cacao)
- Vermicelles en chocolat

• Faites fondre très doucement au bain-marie 80 g de chocolat noir. • Lorsqu'il est bien fluide, sortez-le du feu et faites redescendre la température en ajoutant les 20 g restants. • Remuez. • Dégagez chaque fruit en relevant la cage. • Trempez les fruits un par un en les tenant par la cage. • Posez-les sur des vermicelles au chocolat. • Placez le tout au frigo.

Légumes racines et rigueurs de l'hiver

Les grands vols d'oies et de grues qui descendent vers le sud annoncent les premiers froids. Peu à peu, le potager prend un air mélancolique. Il survit au rythme des rares rayons de soleil de début d'après-midi, et seules les salades d'hiver, les fèves et certaines variétés de petits pois arrivent encore à trouver la force de se développer. Il ne reste plus que quelques cardons, choux, blettes, crosnes, rutabagas ou autres topinambours à ramasser. Et encore faut-il choisir les bons moments : lorsque les sols sont trop gelés, il vaut mieux rester chez soi, auprès de la cheminée, que de vouloir récupérer le moindre légume. Les récoltes s'amenuisent. C'est alors que les « racines », qui durant de nombreux siècles ont permis à nos ancêtres, surtout pour les plus pauvres, de survivre et d'attendre des jours meilleurs, prennent la première place.

Les mal-aimés : topinambours et rutabagas

PENDANT LONGTEMPS, LE TOPINAMBOUR fut beaucoup plus apprécié que la pomme de terre du fait de sa saveur de carde et d'artichaut. Il fut largement cultivé en Angleterre, dans le nord de l'Allemagne et en France. De plus, comme il se conserve tout l'hiver en pleine terre, il était à portée de main donc facilement disponible pour alimenter le pot, préparer d'agréables soupes et éventuellement nourrir le bétail.

ORIGINE DU TOPINAMBOUR

C'est le seul légume qui nous vient d'Amérique du Nord. Il a été rapporté de Nouvelle-France (Canada), en 1603, par Samuel de Champlain. Mais c'est seulement en 1617 qu'il prit, curieusement, le nom de topinambour, issu de celui d'une tribu du Brésil, les Tupinambàs. Il fut un moment aussi appelé « poire de terre ».

Un souvenir de guerre

Aujourd'hui le topinambour a mauvaise réputation, et cela pour deux raisons. Durant la Seconde Guerre mondiale, sa culture fut favorisée car c'est un légume vivace, qui repousse de lui-même donc facile à cultiver, ce qui en l'absence de main-d'œuvre rurale durant ces sombres années était un énorme avantage. Mais, du coup, dans la mémoire collective, il se retrouve ainsi associé aux périodes de disette. Autre raison de sa mauvaise réputation : si l'on en mange de grosses quantités, il est difficile à digérer.

Pourtant, lorsqu'il est bien accommodé, le topinambour offre une saveur très agréable. Je me souviens combien les invités avaient été émerveillés par la finesse de ce légume au goût de cœur d'artichaut, lors d'une dégustation professionnelle organisée par notre ami Michel Trama dans son célèbre restaurant. Pour être consommé en petites quantités, il peut en effet être cuisiné de nombreuses façons : farci, en soupe, en condiment au vinaigre, en omelette, en sauce ou bien en purée ou gratin, associé, par exemple, à des pommes de terre.

Dans notre ferme, comme chez beaucoup d'agriculteurs, le topinambour avait aussi cette mauvaise réputation.

Il était donc seulement cultivé pour l'alimentation des animaux, en alternance avec des betteraves fourragères, des petites pommes de terre et surtout des rutabagas.

Entre ces deux légumes, il y avait d'ailleurs une concurrence, une mauvaise compétition : lors des grandes réunions de famille, nous assistions à deux débats récurrents. En premier lieu, la génération de mes parents et celle qui avait vécu Verdun s'affrontaient pour déterminer quelle guerre avait été la plus héroïque. Chacun y allait de son anecdote et de ses drames. En second lieu, le débat portait sur les qualités comparées des topinambours et des rutabagas. En général, cela n'aboutissait à rien, les positions des uns et des autres étant surtout liées au contexte et aux circonstances. Comment, en effet, un légume peut-il être agréable lorsqu'il revient presque à chaque repas et que vous n'avez ni beurre, ni huile, ni saindoux pour le cuisiner ? De fait, ceux qui prenaient les

Pour lutter contre les famines

Parce que le XVIIIe siècle a connu de nombreuses famines, les explorateurs et les scientifiques ont longtemps recherché à travers le monde « l'arbre à pain », susceptible de fournir de grandes quantités de farine panifiable. Mais c'est Antoine Augustin Parmentier qui trouva la solution : en démontrant les propriétés des amidons, il mit en évidence l'intérêt de tubercules comme la pomme de terre ou le topinambour, et marqua ainsi l'histoire de notre civilisation et de notre alimentation récente.

Rutabaga

positions les plus favorables avaient toujours pu vivre à la campagne, entretenir un lopin de terre et diversifier leur alimentation.

Le rutabaga est une sorte de gros navet de la famille des choux. Originaire d'Europe du Nord, il fut beaucoup cultivé au XIXe siècle aussi bien pour l'alimentation humaine que pour celle du bétail. On disait qu'il favorisait l'engraissement des vaches et améliorait la qualité du lait. C'est un légume riche en protéines, en glucides et en vitamines B et C. Lorsqu'on le récolte encore jeune, il présente une saveur légèrement piquante qui le distingue du navet. Son goût est à mi-chemin entre celui du chou et celui du radis noir.

Le rutabaga est facile à préparer. Vous pouvez le cuisiner en soupe que vous servirez comme autrefois, trempée sur de fines tranches de pain dur, ou bien le faire cuire en cubes ou en tranches dans un jus de viande ou encore sauté à la poêle. Vous pourrez aussi le préparer, comme des pommes de terre, en omelette, en gratin ou en purée.

Un légume historique : le panais

Le panais sauvage est une plante compagne autochtone qu'on rencontre à proximité des maisons, dans les talus ou en bordure des chemins. Consommé depuis la plus haute antiquité, il était souvent confondu avec la carotte. Jusqu'à la fin de la guerre de Cent Ans, le terme *pastinaca* désignait d'ailleurs indifféremment ces deux légumes. Très populaire durant tout le Moyen Âge, on le retrouve cité dans de nombreux ouvrages, comme le *Capitulaire de Villis*, le *Tacuinum Sanitatis* ou le *Ménagier Parisien*. Toutefois, ce n'est qu'à partir du XVIe siècle que le terme de *panais* apparaît. En l'an 1690, il acquiert ses lettres de noblesse en entrant dans la préparation du souper fin organisé par le duc d'Orléans le jour du vendredi saint, souper préparé uniquement à base de « racines ».

Facile à faire pousser, très productif, peu exigeant en matières organiques, résistant au froid, le panais fut jusqu'en 1850 l'un des légumes les plus cultivés dans notre pays. On consommait aussi bien ses feuilles que sa racine. Celle-ci est charnue, nettement plus grosse que celle de la carotte, légèrement sucrée et aromatique. Elle entrait dans la préparation des soupes, potées, ragoûts ou pot-au-feu.

Mais, en France, au début du XXe siècle, pour des raisons mystérieuses, la consommation de la carotte s'est substituée à celle du panais. La culture et la notoriété de celui-ci se limitent aujourd'hui à l'Angleterre et à l'Irlande, où il constitue encore un aliment de choix. Sa saveur caractéristique très agréable permet de préparer de bonnes purées ou autres gratins.

Panais

Gratin de topinambours à la muscade

•••

Pour 6 personnes

1 kg de topinambours
1 kg de pommes de terre
3 verres de crème fraîche
3 verres de lait
Gruyère râpé
Chapelure
Noix de muscade râpée
Sel et poivre

• Lavez et pelez les topinambours et les pommes de terre. • Coupez-les en tranches fines. • À part, mélangez dans un saladier le lait et la crème fraîche. • Salez, poivrez et ajoutez la noix de muscade râpée. • Disposez les lamelles dans un plat à gratin beurré, en intercalant les couches de topinambours et de pommes de terre. • Ajoutez la crème et le lait battus, le gruyère et la chapelure. • Faites cuire au four durant 35 min à 225 °C.

Mousseline de panais gratinée

•••

Pour 4 personnes

1 kg de panais
10 cl de lait
50 g de beurre
50 g de fromage râpé
Chapelure, sel et poivre

• Pelez et coupez les panais en rondelles. • Faites-les cuire à la vapeur 10 min. • Passez-les au moulin à légumes. • Salez et poivrez. • Mélangez-les avec le lait, le beurre et 30 g de fromage râpé. • Versez dans un plat à gratin et ajoutez sur le dessus le reste de fromage. • Saupoudrez de chapelure et faites gratiner 10 min à 180 °C. • Servez chaud avec une viande blanche.

Velouté de rutabagas

••••

POUR 4 PERSONNES

400 g de rutabagas
300 g de pommes de terre
1 gros oignon
1 litre d'eau
1/2 clou de girofle
1 jaune d'œuf
Sel et poivre
1 cuillerée à soupe de crème fraîche

• Préparez et lavez les légumes. • Coupez-les en petits morceaux. • Ajoutez l'eau salée et le bout de clou de girofle. • Faites-les cuire en autocuiseur 12 min à partir du sifflement. • Retirez le clou de girofle et passez le tout au mixeur. • Hors du feu, délayez le jaune d'œuf avec une cuillerée d'eau froide. • Au moment de servir, ajoutez-le au potage, avec la crème liquide. • Servez chaud sur des tranches de pain dur.

À découvrir en fin d'année : le crosne et le cerfeuil tubéreux

POUR TOUT GASTRONOME AVERTI, il est impossible d'évoquer la fin du XIXe siècle et la Belle Époque sans faire référence à l'extraordinaire histoire du crosne et sans rappeler que la tragédienne Sarah Bernhardt dégustait parfois une « salade japonaise » dans certains restaurants à la mode de la capitale.

La biodiversité était alors à la fois reconnue et recherchée. En témoignent les créations nombreuses de sociétés d'acclimatation, d'horticulture et savantes. L'Occident s'ouvrait au monde et, afin de résoudre les problèmes d'alimentation d'une société en pleine révolution industrielle, il était indispensable d'acclimater et d'introduire de nouvelles espèces. À la suite de Brillat-Savarin, Grimod de la Reynière et Antonin Carême, la curiosité alimentaire se généralisa dans la bonne société bourgeoise. C'est ainsi qu'en 1882, Auguste Pailleux fut le premier à cultiver le *Stachy affinis*, légume originaire d'Asie, à Crosne en banlieue parisienne. En quelques années, le « crosne du Japon » put alors s'imposer sur les grandes tables de la capitale, cuisiné le plus souvent en légume d'accompagnement, frit au beurre.

Mais, durant l'entre-deux-guerres, le crosne a plus ou moins subi les conséquences de son succès. Victime de dégénérescence et de nombreuses formes de viroses, il

Cerfeuil tubéreux et persil racine

est devenu de plus en plus petit, avec une peau de plus en plus épaisse, et sujet à de multiples moisissures à tel point qu'il fallait le frotter longuement dans une serviette remplie de gros sel. Grâce aux travaux du professeur J.-Y. Peron, à la fin des années 70, ces handicaps ont pu être levés et la culture du crosne fut relancée. Aujourd'hui, le niveau de production est relativement important et on trouve assez facilement des crosnes, durant tout le mois de décembre, sur les étals des bons commerçants.

Dans notre conserverie de Sadirac, nous préparons ce légume en condiment au vinaigre. Comme nos sols sont beaucoup trop argileux, notre approvisionnement est assuré par un voisin et ami qui possède des terres plus sablonneuses, donc mieux adaptées à cette culture ainsi qu'à celle du cerfeuil tubéreux.

Un légume de gourmet

Par son goût, sa finesse et sa rareté, le cerfeuil tubéreux est certainement l'un des meilleurs légumes que je connaisse, digne des plus grandes tables et des plus fines recettes. Sa chair est légèrement farineuse et sucrée. Il peut être cuisiné à la poêle, frit ou en beignets. Riche en amidons, il développe des saveurs à mi-chemin entre la châtaigne et la scorsonère, mâtinées d'un subtil arôme de noisette. Comme on disait au XIXe siècle, « le cerfeuil tubéreux est l'une des plantes potagères les plus appréciées des gourmets ».

La culture des crosnes

Le crosne est une plante aux racines souterraines, qui ressemble à un pied de menthe. En avril, on plante les rhizomes tous les 30 ou 40 cm, en poquets profonds de 7 à 8 cm. Un mois après, on désherbe, en buttant légèrement les pieds, un peu comme pour les pommes de terre. Durant l'été, il faut régulièrement arroser et arracher les mauvaises herbes. On récolte au fur et à mesure des besoins, à partir de la mi-novembre, lorsque les tiges commencent à se dessécher.

L'espèce sauvage, originaire d'Europe centrale, se trouve facilement en Alsace et en Lorraine. La variété cultivée semble avoir été introduite en France en 1846. Mise en œuvre par les maraîchers de l'époque, il était facile de se la procurer dans tous les catalogues de graines jusque dans les années 1950.

La culture du cerfeuil tubéreux est toutefois loin d'être simple et exige beaucoup d'expérience. Pour pouvoir germer, les graines ont besoin d'être semées en novembre ou stratifiées (passées au froid), et leur durée de vie ne dépasse guère une année. De plus, les rendements sont faibles. Enfin, ses racines ne sont pas vraiment consommables en l'état : il vaut mieux les garder au frais quelques semaines afin que les amidons qu'elles contiennent se transforment en sucres et qu'elles développent toutes leurs saveurs. Mais ces difficultés font aussi tout le charme et la spécificité du cerfeuil tubéreux.

Pour les réveillons, gardez quelques verjus

AUTOUR DU POTAGER DE PRIMEURS, nous avions de grandes treilles qui donnaient chaque année ce qu'on appelle traditionnellement dans nos campagnes les verjus. Mais ce n'était pas notre seule source d'approvisionnement. Comme tous les bons viticulteurs du Bordelais, nous faisions attention, au moment de la vendange, à ne pas ramasser au bout des branches de vigne ces derniers grappillons qui n'arrivent pas à mûrir. Ayant fleuri tardivement, ils ont été mal fécondés et ne se sont pas développés correctement. Ils ne sont jamais récoltés parce que très acides.

Verjus, « le grand cuisinier »

Cette expression, trouvée dans le *Dictionnaire de Trévoux*, recueil critique et littéraire édité en 1704 par une communauté de jésuites de l'Ain, exprime l'importance de ces grappillons de raisin dans la cuisine ancienne.

Ils étaient appréciés aussi bien pour la saveur acide qu'ils pouvaient apporter dans une recette que pour leurs nombreuses vertus diététiques.

Ils étaient en effet censés faciliter la digestion, calmer les brûlures d'estomac et étancher la soif.

Aussi bien en Périgord qu'en Bordelais, les verjus ont toujours fait partie de nos habitudes culinaires.

En fin d'année, ils apportent une note de bon goût et de raffinement dans la cuisine de l'oie ou des gibiers.

En revanche, ces « petits grains de raisin » régalaient aussi bien les grives que les ouvriers agricoles — qui les récoltaient pour leur « piquette » — ou les fermières. Celles-ci les ramassaient en rentrant des champs pour cuisiner une caille, un faisan, un poulet ou bien, « les grands jours », un foie gras d'oie. Combien de fois ai-je vu ma mère arriver en tenant son traditionnel tablier par les quatre coins, rempli de verjus et même, parfois, de magnifiques cèpes ou de girolles !

Ces grappillons verts ont longtemps été utilisés pour la cuisine traditionnelle de nos régions viticoles. Comme les citrons étaient très rares, les verjus entraient dans la préparation de nombreuses sauces, ragoûts et autres assaisonnements. Au XIVe siècle, près de la moitié des recettes répertoriées dans le *Viandier* du célèbre Taillevent étaient préparées à base de verjus. Il est vrai qu'à cette époque-là, les saveurs acides et aigres-douces étaient beaucoup plus appréciées qu'aujourd'hui. Cette tradition ancestrale, reprise aujourd'hui par la majorité des grands cuisiniers, illustre particulièrement bien les comportements qui prévalaient dans nos campagnes jusque dans les années 60 : rien n'était laissé à l'abandon, rien ne se perdait. Chacun vivait au rythme des récoltes et profitait avantageusement de tous les fruits de la nature.

Crosnes en persillade

•••

POUR 6 PERSONNES

1 kg de crosnes
1 gousse d'ail
50 g de beurre
3 branches de persil
Sel et poivre

• Lavez les crosnes. • Faites fondre, à feu vif, les 50 g de beurre dans la poêle. • Faites-y revenir rapidement les crosnes. • Recouvrez et laissez cuire durant 6 à 7 min à feu doux. • À mi-cuisson, ajoutez l'ail coupé en lamelles. • Salez, poivrez et ajoutez le persil. • Servez, par exemple, avec du foie de veau.

(Attention, pour bien apprécier cette recette, les crosnes doivent être servis encore croquants.)

Foie gras de canard au verjus

•••

POUR 4 PERSONNES

1 foie gras de canard (480 g environ)
10 cl de verjus
Sel et poivre

• Nettoyez et « dénervez » le foie gras. • Coupez 6 ou 7 escalopes, épaisses de 15 mm environ. • Passez-les au réfrigérateur, 10 min, afin de bien les rigidifier. • Salez et poivrez. • Dans une poêle, à feu très vif, faites-les revenir 1 à 2 min de chaque côté. • Disposez-les sur un plat que vous réserverez à four chaud. • Remettez la poêle sur le feu et versez le verjus, afin de bien déglacer. • Nappez les escalopes avec ce fond de sauce. • Servez immédiatement et dégustez chaud.

Un coin de jardin pour goûter la nature

Quelques conseils pour réaliser un potager

POUR la réalisation de votre potager, voici quelques conseils issus de notre expérience acquise au cours de la création de notre jardin conservatoire. En premier lieu, il est indispensable d'imaginer un espace pratique, diversifié et esthétique. Bien exposé, il doit être drainé, constitué avec de la bonne terre et situé, de préférence, à proximité de votre cuisine. Ensuite, il convient de le dessiner. Pour ce faire, on peut se référer aux propos de quelques jardiniers anciens comme Jean de La Quintinie, créateur du « Potager du roi » à Versailles. Son ouvrage, *Instructions pour les jardins fruitiers et potagers*, publié en 1690, contient quelques conseils qui demeurent d'actualité : « *La plus belle figure qu'on puisse souhaiter pour un fruitier ou un potager, et même la plus commode pour la culture, est sans doute celle qui fait un beau quarré, et surtout quand elle est si parfaite et si bien proportionnée dans son étendue que non seulement les encoignures sont à angles droits, mais que surtout la longueur excède deux fois et demie la largeur.* »

Le plan du Paradis

Une rivière sortait de l'Éden pour arroser le jardin, elle se divisait en quatre branches.
(la Genèse)
Cette structure en quatre parties, évoquée par le premier livre de l'Ancien Testament, exprimait l'unité, l'ordre et la sérénité d'un espace clos, entièrement centré sur le don divin que représente l'eau.

L'Almanach du jardinier, publié en 1876, donne de précieux conseils complémentaires : « *Les quarrés destinés aux plantes potagères seront divisés en planches auxquelles on donnera une longueur de 1,60 m au plus, afin que des deux côtés on puisse en atteindre aisément le milieu. Les planches seront séparées par des sentiers de 0,30 m qu'on fera bien de creuser* […]. *La terre provenant des sentiers sera rejetée sur les planches. On dirigera celles-ci, autant que possible, de l'est à l'ouest ; cela permettra de les abriter contre le vent du nord au moyen de paillassons attachés à des piquets. Les bordures des quarrés seront très convenablement utilisées au profit de la culture potagère, si on y plante des fraisiers, du thym, de l'oseille, du persil, du cerfeuil, de la pimprenelle.* »

Nous avons respecté ces grands principes, tout en les améliorant avec des allées engazonnées afin d'aérer l'espace. En même temps, nous avons repris une architecture forte : à partir du dessin de la croix, nous avons donné à notre potager conservatoire une structure à la fois géométrique, pratique et symbolique. Cette organisation cruciforme représentait autrefois le paradis et la vie éternelle. Elle était fondée sur le chiffre quatre qui symbolisait les éléments sacrés : le feu, l'air, l'eau et la terre.

Un semis de moutarde pour entretenir le sol

Afin d'éliminer le chiendent, les mauvaises herbes et de fixer l'azote dans le sol, rien de tel qu'un engrais vert. À l'automne, préparez la terre et semez, à la volée, les graines de moutarde. Elles germeront rapidement et vos plantes se développeront en quelques semaines. Tout au long de l'hiver, vous pourrez ainsi récolter les jeunes feuilles pour préparer de délicieuses soupes. Un peu avant la montée en graine, vous pouvez aussi cueillir les boutons floraux pour parfumer agréablement les salades.

Une bonne terre, du soleil et de l'eau

Pour obtenir la majorité de ces légumes, il n'est pas nécessaire d'avoir un grand terrain : une dizaine de mètres carrés suffisent. Il faut diviser cette zone en 3 ou 4 plates-bandes de petite largeur, les butter légèrement afin de bien drainer le sol, avoir une terre très fertile et surtout choisir cet espace à proximité d'un point d'eau, dans une zone bien ensoleillée.

Les légumes sont aussi des plantes décoratives

Mélangez les pieds de tomates, les courges ou les pommes de terre à vos massifs de fleurs : c'est du meilleur effet ! De plus, au moment des récoltes, vous pourrez aussi ramasser les fleurs comestibles et découvrir la saveur des bégonias, des soucis ou des capucines…

Pour préparer votre hiver, n'oubliez pas de planter en avril vos topinambours et vos crosnes. Vous pouvez aussi semer des rutabagas, du cerfeuil tubéreux, du panais ou simplement des choux-raves.

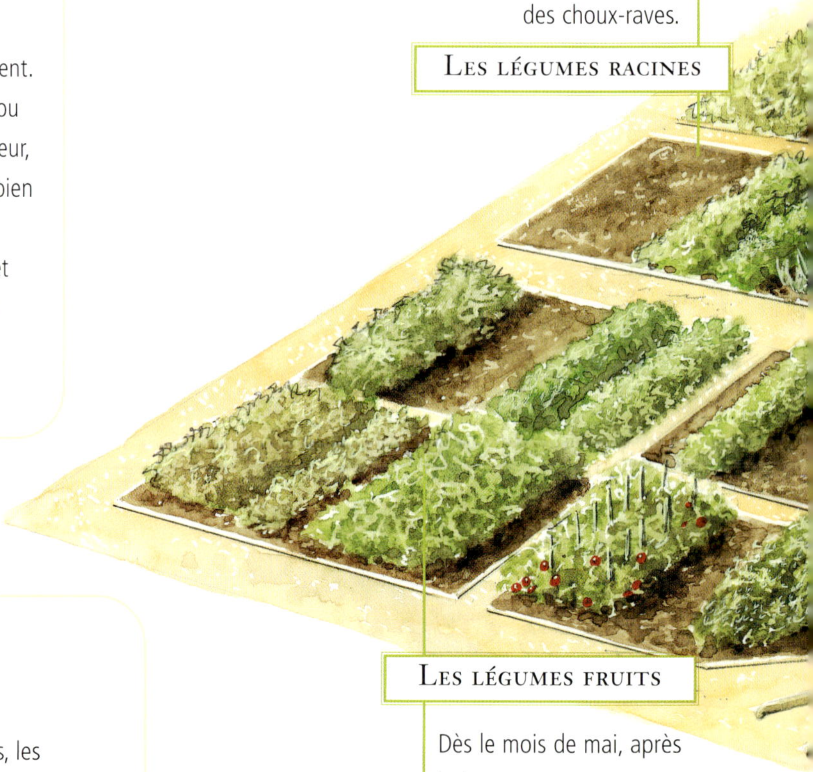

Dès le mois de mai, après la lune rousse, semez ou repiquez vos pieds de tomates, d'amours-en-cage, d'aubergines ou de piments. Ils vous donneront de magnifiques fruits durant tout l'été.

À partir du mois de janvier, vous pouvez commencer à semer vos premières fèves et petits pois « serpette ». Ces pousses de printemps annonceront les beaux jours. Après les dernières gelées, vous pourrez les remplacer par des haricots tarbais ou du lotier rouge « goutte de sang ».

Les légumes graines

Les légumes feuilles

Au rythme des saisons, renouvelez vos épinards, arroches, blettes ou choux. N'oubliez pas de réserver un endroit spécifique pour vos vivaces : tétragone, oseille, roquette et même ortie.

Adresses utiles

Acheter nos conserves de légumes oubliés

•••

Loin d'être exhaustive, cette liste d'adresses n'est qu'indicative. Aujourd'hui, les initiatives sont nombreuses et voient régulièrement le jour. Nous vous indiquons simplement les coordonnées de nos coups de cœur.

Oh ! Légumes Oubliés
Château de Belloc
33670 Sadirac
05 56 30 61 00
Fax : 05 56 30 60 30
Boutique ouverte du lundi au vendredi de 9 h à 17 h.
Par correspondance ou sur Internet : www.ohlegumesoublies.com

Ferme de Gally
Route de Bailly
78210 Saint-Cyr-l'École
01 34 60 63 30
Fax : 01 30 58 03 00

Grande Épicerie du Bon Marché
38, rue de Sèvres
75007 Paris
01 44 39 81 11
Fax : 01 44 39 81 17

Lafayette Gourmet
97, rue de Provence
75009 Paris
01 48 74 46 06
Fax : 01 42 80 15 67

Résonances
3-5, bd Malesherbes
75008 Paris
01 44 51 63 70
Fax : 01 44 51 63 71

Magasins de produits biologiques
Réseau Biocoop, Nouveaux Robinsons, Rayons Verts, etc.

Se procurer des semences et des plants de légumes ou de fruits oubliés

•••

Association Kokopelli
Quartier Saint-Martin
07200 Aubenas
04 75 93 53 34
Fax : 04 75 93 37 75
kokopelli.assoc@wanadoo.fr

Biau Germe
47360 Montpezat
Tél./fax : 05 53 95 95 04

Conservatoire végétal régional d'Aquitaine (arbres fruitiers)
Domaine de Barolle
47130 Montesquieu
05 53 47 29 14
Fax : 05 53 95 26 67
www.conservatoirevegetal.com

Germinance
Les Rétifs
49150 Saint-Martin-d'Arce
Tél./fax : 02 41 82 73 23

Graines Baumaux
BP 100
54062 Nancy Cedex
03 83 15 86 86
Fax : 03 83 15 86 80
baumaux.com

Parra Jean Marc (plants)
33190 Puybarban
05 56 61 01 19

Ribanjou (petits fruits)
Briollay
49125 Tierce
02 41 42 65 19
Fax : 02 41 42 66 45

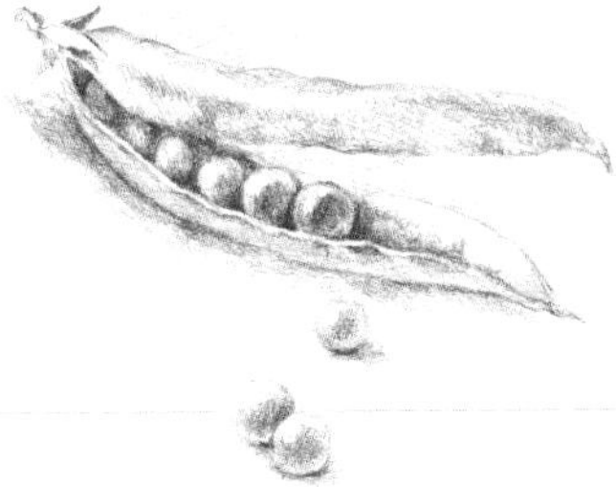

Jardins à découvrir

••••

Musée gourmand « Oh ! Légumes Oubliés »
Château de Belloc
33670 Sadirac
05 56 30 62 00
Ouvert de la mi-avril à la mi-octobre.
Visites et goûters tous les après-midi de 14 h à 18 h.

Conservatoire des jardins
41150 Chaumont-sur-Loire
02 54 20 99 22
Fax : 02 54 20 99 24
www.chaumont-jardins.com

Conservatoire de la tomate
Château
de la Bourdaisière
37270 Montlouis-sur-Loire
02 47 45 16 31

Ferme de Gally
Jardin de fleurs comestibles
route de Bailly
78210 Saint-Cyr-l'École
01 30 14 60 60
www.gally.com

Jardin botanique de Bordeaux
Place Bardineau
33000 Bordeaux
05 56 52 18 77
Fax : 05 56 51 22 96

Jardins carolingiens
Les Mines d'Argent
des Rois francs
79500 Melle
05 49 27 25 93
Fax : 05 49 29 16 64

Jardin Château de Momas
64230 Lescar
05 59 77 14 71

Jardins Château de Neuvic
24190 Neuvic-sur-l'Isle
05 53 80 86 65
Fax : 05 53 82 22 77

Jardins de la Brande
24380 Fouleix
05 53 07 47 85
Fax : 05 53 08 59 77

Jardin des plantes aromatiques et médicinales
Abbaye cistercienne
de Flaran
32310 Valence-sur-Baïse
05 62 28 50 19

Jardin des plantes de nos grand-mères
40110 Arengosse
05 58 51 79 79
Fax : 05 58 51 79 79

Jardin du Terran
Bernard Bertrand
31160 Sengouagnet
05 61 88 81 08

Plantarium de Gaujacq
Pépinière botanique
40330 Gaujacq
05 58 89 24 22
Fax : 05 58 89 06 62
www.thoby.fr

Potager d'un curieux
La Molière
84400 Saignon
www.lepotager.com

Potager et jardins de Saint Jean de Beauregard
91940 Les Ulis
01 60 12 00 01
Fax : 01 60 12 56 31

Potager extraordinaire
La Grange des Mares
85150 La Mothe Achard
02 51 46 67 83

Verger conservatoire végétal et régional d'Aquitaine
Domaine de Barolle
47130 Montesquieu
05 53 47 29 14

Table des recettes

Nos cueillettes sauvages

Une année au potager

Bibliographie

- AICPC, Diversité des plantes légumières, Actes du symposium, 17-19 octobre 1985.
- ANDRIEUX, *Les Plantes potagères*, éd. Vilmorin, 1883.
- APICIUS, *L'Art culinaire*, éd. Les Belles Lettres, 1987.
- ARTHUS-BERTRAND (Yann), *La Terre vue du ciel*, éd. de La Martinière, 1999.
- ASSOCIATION KOKOPELLI, revue *Pour la libération de la semence*, 1999.
- BALDE (Jean), *Les Ébauches*, éd. Plon, 1925.
- BELTOUR (Xavier), *L'Histoire oubliée de l'Aquitaine*, éd. Prince Noir, 1995.
- BERTRAND (Bernard), *Les Secrets de l'ortie*, éd. du Terran, 1995.
- BERTRAND (Bernard), *Sous la protection du sureau*, éd. du Terran, 1996.
- BERTRAND (Bernard), *La Consoude, trésor du jardin*, éd. du Terran, 1999.
- BERTRAND (Bernard), *Le Pissenlit, or du pré*, éd. du Terran, 1999.
- BOISVERT (Clotilde), *La Cuisine des plantes sauvages*, éd. Dargaud, 1987.
- BOISVERT (Clotilde) & HUBERT (Annie), *Herbes et épices*, éd. Albin Michel, 1977.
- BRECOURT-VILLARS (Claudine), *Mots de table, mots de bouche*, éd. Stock, 1996.
- BRIARD (Jacques), *La Préhistoire de l'Europe*, éd. J.-P. Gisserot, 1995.
- BRUYERIN-CHAMPIER (J.), *L'Alimentation jusqu'au XVIe siècle*, éd. ICC, 1998.
- CAMBORNAC (Michel), *Plantes et jardins du Moyen Âge*, éd. Edipso, 1996.
- CANCOLLE (Alphonse de), *Origine des plantes cultivées*, éd. J. Laffitte, 1984.
- CONTE (Arthur), *Les Paysans de France de l'an 1000 à l'an 2000*, éd. Plon, 2000.
- COUPLAN (François), *Guide nutritionnel des plantes*, éd. Delachaux & Niestlé, 1998.
- COUPLAN (François), *Le Régal végétal*, éd. Debard, 1983, 2 vol.
- COUPLAN (François), *Les Belles vénéneuses*, éd. Équilibres Aujourd'hui, 1990.
- DELLUC (Gilles), *La Nutrition préhistorique*, éd. Pilote 24, 1995.
- DUMAS (Alexandre), *Le Grand Dictionnaire de cuisine*, éd. France, 1995.
- ESTIENNE (C.) & LIEBAULT (J.), *La Maison rustique*, édition du XVIIIe siècle.
- FLANDRIN (Jean-Louis), *Histoire de l'alimentation*, éd. Fayard, 1997.
- FLANDRIN (Jean-Louis), *Chronique de Platine*, éd. Odile Jacob, 1992.
- GODIN (Christian), *La Nature*, éd. du Temps, coll. Questions de philosophie, 2000.
- GOT (Armand), *Visages de la Gironde*, éd. Delmas, 1956.
- HUBERT (Annie) & BOILEAU (Claire), *ABCdaire du gourmet*, éd. Flammarion, 1997.
- LETERME (Evelyne), *Les Fruits retrouvés*, éd. du Rouergue, 1995.
- LÉVI-STRAUSS (Claude), *Le Cru et le Cuit*, éd. Plon, 1964.
- LIEUTAGHI (Pierre), *La Plante compagne*, éd. Actes Sud, 1998.
- MATHON (Claude Ch.), *Courtil et courtillage pendant la guerre de Cent Ans*, éd. du CNRS, 1989.
- MATHON (Claude Ch.), *Plantes alimentaires du Moyen Âge*, éd. de l'université de Poitiers, 1996.
- MARTY DUFAUT (Josy), *La Gastronomie du Moyen Âge*, éd. Autres Temps, 1999.
- MEILLER (D.) & VANNIER (P.), *Le Grand Livre des fruits et légumes*, éd. La Manufacture, 1991.
- PAILLEUX (A.) & BOIS (D.), *Le Potager d'un curieux*, éd. Jeanne Laffitte, rééd. 1993.
- PELT (Jean-Marie), *Des légumes*, éd. Fayard, 1995.
- PITTE (Jean-Robert), *Gastronomie française*, éd. Fayard, 1991.
- POIRION (D.) & THOMASSET (C.), *L'Art de vivre au Moyen Âge*, éd. Philippe Lebaud, 1995.
- ROWLEY (Anthony), *À table ! La fête gastronomique*, Gallimard, coll. Découvertes, 1994.
- TOUSSAINT-SAMAT (Maguelonne), *Histoire naturelle de la nourriture*, Larousse, 1997.

Remerciements

Merci à nos familles respectives qui nous ont appris le goût de la nature et le plaisir d'une alimentation saine et diversifiée.

Merci à Laure Lamendin et son équipe pour leurs encouragements tout au long de la réalisation de cet ouvrage.

Merci aussi à notre amie Clotilde Boisvert et sa complice Annie Hubert dont l'expérience et les conseils nous ont été précieux.

Nous tenons également à exprimer notre reconnaissance envers Jean-Louis Flandrin pour son soutien chaleureux dans nos initiatives.

Nous remercions tout particulièrement l'équipe des « Légumes Oubliés », qui partage notre projet depuis de nombreuses années, ainsi que nos collègues producteurs et nos complices des « Amis d'Arcimboldo » qui soutiennent toutes nos manifestations.

Enfin, merci à Bernard et Geneviève Artigue, pour leurs « petits verjus », Bernard Taquet, Alain et Eliane Vermare ainsi qu'aux centaines de milliers d'anonymes qui partagent avec nous la passion des légumes oubliés. Cet ouvrage est, d'une certaine manière, le fruit de leurs encouragements.

Éditorial

Toutes les photographies de cet ouvrage
ont été réalisées par Vincent Thibert,
à l'exception de celles des pages suivantes :
R. Rosenthal 76, 79b et c ; P. Aucante 58, 128.

Le stylisme a été réalisé par **Caroline Clavier**
pour les photographies de Vincent Thibert.

Elle remercie pour leur participation :
Côté table 1, rue Edmond Besse 33 000 Bordeaux
Ligne 1 73, quai des Chartrons 33 000 Bordeaux
L'Esprit des lieux 68, rue Fondaudège 33 000 Bordeaux

Conception graphique et réalisation
Sophie Auriol pour Ambodexter

Avec la collaboration d' **Hélène Baron**

Photogravure Penez Editions
Achevé d'imprimer en mars 2005
Sur les presses de l'imprimerie Artes
Graficas, à Tolède.
Dépôt légal : mars 2005
ISBN : 2-7006-0369-9
Imprimé en Espagne